MW01485831

Neptuno alegórico

Letras Hispánicas

Sor Juana Inés de la Cruz

Neptuno alegórico

Edición de Vincent Martin

Introducción de Electa Arenal

CÁTEDRA

LETRAS HISPÁNICAS

1.ª edición, 2009

Ilustración de cubierta: *Retrato de Andrea Doria como Neptuno* (*c.* 1530-1540), Il Bronzino. Milán, Pinacoteca di Brera

© Ediciones Cátedra (Grupo Anaya, S. A.), 2009
Juan Ignacio Luca de Tena, 15. 28027 Madrid
Depósito legal: M. 9.357-2009
I.S.B.N.: 978-84-376-2552-2
Printed in Spain
Impreso en Closas-Orcoyen, S. L.
Paracuellos de Jarama (Madrid)

Índice

Introducción 9

   La poeta de la Corte y la Iglesia 12
   La «pobre monja» y su arco 16
   Fuentes, mitos y códigos subliminales 19
   El compromiso político de Sor Juana 23
   Los arcos de México y el Imperio 26
   Revaloración, estudio y canonización 28
   Las catorce imágenes emblemáticas (Guía de lectura) 31
      Lienzo 1 32
      Lienzo 2 33
      Lienzo 3 34
      Lienzo 4 35
      Lienzo 5 37
      Lienzo 6 38
      Lienzo 7 40
      Lienzo 8 41
      Primera basa de mano diestra 42
      Segunda basa de mano diestra 42
      Primera basa de mano siniestra 43
      Primer intercolumnio de mano diestra 43
      Segundo intercolumnio 43
      Explicación del arco 44

Esta edición 47

Bibliografía 51

Abreviaturas y siglas 61

Neptuno alegórico 63

Razón de la fábrica alegórica y aplicación de la fábula 73
Inscripción 117
Argumento del primer lienzo 119
Argumento del segundo lienzo 125
Argumento del tercero lienzo 128
Argumento del cuarto lienzo 132
Argumento del quinto lienzo 135
Argumento del sexto lienzo 142
Argumento del séptimo lienzo 153
Argumento del octavo, último lienzo 163
Primera basa de mano diestra 167
Segunda basa de mano diestra 172
Primera basa de mano siniestra 175
Segunda basa de mano siniestra 178
Primer intercolumnio de mano diestra 181
Segundo intercolumnio 185
Explicación del arco 189

Introducción

y como si la virtud fuese culpa...

Neptuno, l. 826

Sor Juana Inés de la Cruz, atribuido a Juan de Miranda
(Rectoría, Universidad Nacional Autónoma de México).

El ingenio creativo del *Neptuno alegórico* fue ya señalado, aunque de una manera condescendiente, en el mismo siglo XVII al que pertenece: «algunos de los símbolos tienen tal sutileza, que es más de la que pudiera esperarse de una virgen»[1]. El texto, elaborado para una fiesta oficial, es producto de una pluma que ya se sabía extraordinaria. Los «símbolos» que apunta Ketten forman parte de un compendio barroco de cultura humanista que halagaba y entretenía a los círculos de gente aristocrática y letrada.

Tanto la autora del *Neptuno alegórico* como la obra misma siguen siendo poco conocidas fuera de México y casi enteramente desconocidas entre los lectores de otras lenguas. Considerada «el broche de oro» que cierra la época barroca, Sor Juana Inés de la Cruz (1648/1651?-1695) es una figura imprescindible de la literatura hispánica[2]. Su poesía, obra teatral y prosa, reformulan los temas y estilos de la temprana edad moderna. La Nueva España, ya en el siglo XVI multicultural y dada a los espectáculos, fue terreno fértil para el duende de Juana Ramírez, mejor conocida como Sor Juana. Su influencia misma ayudó a crear la identidad mexicana; y eventualmente contribuyó a la afirmación de la conciencia y sensibilidad de los escritores y poetas que le siguieron.

Sor Juana es, hasta donde sabemos, la única mujer en la historia de Occidente a quien se le contratara para la invención y el diseño literario de un arco triunfal. Aun cuando los nombres de Durero, Rubens, Monteverdi, Lope de Vega y

---

[1] Joannes Michaelis van der Ketten, *Apelles symbolicus* (Amsterdam, 1699).
[2] Antonio Castro Leal, «Prólogo», en Sor Juana Inés de la Cruz, *Poesía, Teatro y Prosa* (México, Porrúa, 1973), xiii.

Góngora se asocian con los actos que marcaban la entrada de reyes, virreyes, príncipes y arzobispos a las ciudades de Europa, este tipo de proyecto se confería generalmente a escritores e intelectuales menos conocidos, funcionarios o allegados a la Corte o la Iglesia. Eran festejos públicos acompañados de una serie de espectáculos que incluían procesiones de investidura de nuevos poderes, bodas reales y la visita o llegada de un alto funcionario de la Corte o la Iglesia. En Lima y México, capitales de los virreinatos de Perú y México, y otros centros estratégicos y de gran riqueza para la corona española, se copió con gran pompa esta modalidad de festejo.

A México —al virreinato de la Nueva España— llegaban los nuevos virreyes, el marqués de la Laguna, conde de Paredes, y su esposa, María Luisa Manrique de Lara y Gonzaga, y había que recibirlos con ostentación. Complacerlos atraería su buena voluntad e iniciaría un largo periodo de patronazgo.

LA POETA DE LA CORTE Y LA IGLESIA

Las obras completas de Sor Juana comprenden 65 sonetos (unos 20 de ellos sonetos de amor, juzgados por muchos entre los más bellos del siglo XVII); 62 romances, y una profusión de poemas en otras formas métricas. Para la representación teatral escribió Sor Juana 3 autos sacramentales (dramas de un acto) y 2 comedias (una de ellas en colaboración); 32 loas (que preludiaban las comedias, a veces cantadas y representadas independientemente para celebraciones religiosas y virreinales); 2 sainetes (farsas) y un sarao (canto y baile festivo) representado entre los actos de una de las comedias; 15 o 16 villancicos (juegos de 8 o 9 canciones sobre temas religiosos como la Natividad, la Asunción, la Inmaculada Concepción y las leyendas de los santos José, Pedro y Catarina de Alejandría).

En 1967, Enrique Martínez López descubrió un librito que recoge 20 enigmas amorosos rimados. El poemario había sido pedido por unas monjas aristócratas portuguesas y Sor Juana respondió enviándoles sus *Enigmas ofrecidos a la discreta inteligencia de La Soberana Asamblea de la Casa del Placer*. No se sabe más sobre quiénes eran las monjas portuguesas. En 1980, el padre Tapia Méndez de Monterrey halló una copia del siglo XVIII de una carta escrita en 1681 o 1682. En ella, además de despedir a su confesor, el jesuita Antonio Núñez, la poeta se identifica con el camino agustino hacia la salvación y no el franciscano (el de la dedicación al estudio y el saber y no el de la santa ignorancia). Explica y defiende el haber aceptado, tras negarse tres o cuatro veces, el encargo del arco, y expresa tristeza y enojo. En términos fuertes y con giros de resentimiento que repetiría años después en la *Respuesta a Sor Filotea de la Cruz,* ridiculiza el doble estándar y la estrechez mental. En la carta dice: «¿Las letras estorban...? ¿No se salvó San Agustín, San Ambrosio y todos los demás Santos Doctores? Y V[uestra] R[everencia] cargado de tantas letras, ¿no piensa salvarse?»[3]. Y, defendiendo a las personas que leen y acumulan saberes, diez años más tarde, en la *Respuesta:* «Si éstos, Señora, fueran méritos (como los veo por tales celebrar en los hombres), no lo hubieran sido en mí porque obro necesariamente... Veo una Gertrudis leer, escribir y enseñar»[4].

Ese obrar necesario llevó a la poeta a escudarse más de una vez no sólo con el ejemplo de Santa Gertrudis y San Jerónimo, sino de Santa Teresa de Ávila. Si ésta sintió la necesidad de aceptar el veredicto del Concilio de Trento cuyo dictamen fue la «santa ignorancia» para las mujeres, la novohispana promovía a Sofía y la Santa María, autora del *Magníficat.*

Utilizó Sor Juana muchas tonalidades y estilos en su prosa, sus comedias y sus poemas: el acento de los que hablaban español sin que fuera su lengua natal (portugueses, gallegos, nahuas, africanos y vascos); las cadencias homéricas y las fórmulas retóricas, en especial las que ponía en primer lugar Cicerón; la tradición de los autores dramáticos y la poesía de las «Academias» de Madrid, Sevilla, Lima y México. Las sutilezas cultas y vernáculas revelan su dominio tanto de las páginas de libros eruditos (que se leían casi exclusivamente en los círcu-

---

[3] Sor Juana Inés de la Cruz, *Obra selecta* (Caracas, Biblioteca Ayacucho, 1994), 444.
[4] Electa Arenal y Amanda Powell (eds.), *The Answer/La Respuesta* (Nueva York, The Feminist Press, 1994), 78.

los de la elite universitaria y eclesiástica) como de los giros idiomáticos que oía en cada estrato de la sociedad mexicana por boca de sirvientes, sacerdotes, obreros indígenas, africanos esclavizados y aristócratas. Con todos estos tributarios lingüísticos divierte, contradice y alecciona, siempre en defensa de la razón y el discurso. Al componer las obras de su madurez, tal vez empezando con el *Neptuno*, se intensifica el reflejo de la rica visión artística y religiosa del virreinato. El texto del arco es de una hechura tan habilidosa y ágil que por mucho tiempo sus dimensiones codificadas y re-visionarias se les escaparon a sus lectores.

El intelecto privilegiado de Sor Juana tuvo su evolución en esta Nueva España caleidoscópica, efusivamente festiva por una parte, piadosamente ascética por otra. Desde niña absorbió mucho de los libros y del entorno social tan variado de los ambientes rurales y urbanos. México era una ciudad que comprendía de cuatro a cinco mil blancos, peninsulares y criollos; y alrededor de un millón de indígenas, mestizos y africanos. Algunos de sus poemas resuenan con ecos de canciones y bailes populares. La abundancia y colorido de las imágenes evoca los *tianguis*, donde se vendían especias, fruta, verdura, carne, cacao, ropa, cordones, muebles y toda clase de mercancías. Sus poemas más barrocos son de tan ornamentada elegancia como los altares de las catedrales donde se cantaban sus *villancicos* y los salones aristocráticos donde se representaban sus obras de teatro.

Sor Juana Inés de la Cruz conocía extensamente su materia, tanto el mundo libresco como las costumbres de la aristocracia; sabía lo que era vivir en palacio y participar en los diversos niveles de su funcionamiento. En la biblioteca de su abuelo, desde su niñez precoz, empezó a devorar libros, entre los que se encontraban volúmenes en latín escritos por humanistas europeos, manuales para pintores, además de compendios y retóricas para escritores, libros de heráldica, genealogías y libros de emblemas, muy en boga desde fines del siglo XV. La Nueva España, orgullosa de ser la gran metrópoli de América desde el siglo XVI, tenía una universidad a la que Sor Juana lamentaba no haber podido asistir, pero a cuyos profesores y graduados dejaba atónitos con sus conocimientos y su saber. Su escuela tuvo que ser otra. Ella misma se retrató en la *Respuesta a Sor Filotea de la Cruz* como poeta innata y lectora de curiosidad insaciable; como solitaria e inevitablemente dedicada al esfuerzo de aprender.

De jovencita, antes de entrar al claustro, fue por seis años dama de compañía de la virreina, la marquesa de Mancera, quien, según le informaron al biógrafo español Calleja, «no podía vivir sin ella». En el palacio virreinal Sor Juana conoció desde los niveles más nimios y básicos de la vida diaria hasta los más burocráticos, complejos y peligrosos. Ante incendios pasionales y continuos pleitos políticos, aprendió a conocer el corazón cortesano, a comprender las insinuaciones y observar cómo se apaciguaban los conflictos. Después de vestir los hábitos, convirtió algunas de esas experiencias en graciosas y paródicas escenas teatrales. En la vida monástica jerónima halló durante casi veinticinco años (1669-1692) una libertad relativa y el abrigo suficiente para su verdadera vocación: el estudio. La niña prodigio llegó a ser una de las más ingeniosas de los genios de su tiempo.

En el convento, y antes en la corte, Sor Juana es una escritora profesional: así como en el caso del arco triunfal, gran parte de su producción literaria es contratada, sea por pago o a cambio de favores y regalos. Los dos volúmenes publicados durante su vida (el que mencionamos ya, en Madrid, 1689, y otro en Sevilla, 1692) gozaron de tanta popularidad que pasaron por varias ediciones[5]. La autora, sin embargo, tenía que aprovechar con esmero el tiempo para el estudio y la escritura; el horario monástico y las responsabilidades de su oficio de tesorera le dejaban poco tiempo libre[6].

---

[5] Una tercera edición de su obra, con la aprobación y biografía de Calleja, apareció en 1700.

[6] Se corroboró recientemente su papel de tesorera del convento jerónimo de Santa Paula. Hoy en día es universidad y museo, dedicado en parte a promover el estudio de las obras y los tiempos de la gran poeta y pensadora. La monja se encargó por muchos años de las finanzas, manejando sumas cuantiosas de dinero y haciendo inversiones que beneficiaron al convento y a ella misma.

Durante la época colonial, desde 1521 hasta unas décadas después de 1820, México abarcó un territorio enorme desde lo que es hoy todo el sur y oeste de los Estados Unidos hasta Panamá. La orientación guerrera de los pleitos territoriales en España con los árabes, conocida todavía como «Reconquista española» y la heredada y creciente ideología imperial y absolutista, buscaban no sólo riqueza, poder, aventura y conversión, sino además la supresión o el realineamiento de reinos indígenas enemigos entre sí. El periodo inicial de la «Conquista», en algunas de las tierras del llamado Nuevo Mundo o Indias, se caracterizó por cruentos choques, aunque hubo también una pacífica integración y mestizaje desde el primer momento. Después de establecerse los españoles en Tenochtitlán, la capital azteca, empezó un desarrollo que con la explotación de la mano de obra de miles de indígenas y africanos llegó a convertirla en una ciudad planificada y de resplandecientes edificaciones, llena de algarabía, y no sin esporádicas revueltas sociales.

En el centro de la enorme plaza de la ciudad de México, alrededor de la cual se construyeron hermosos edificios para cada rama del gobierno —ejecutiva, legislativa, jurídica y eclesiástica— se instalaba un mercado o *tianguis* de tamaño impresionante, con un sistema acuático de distribución por canales. En este mercado se vendía todo tipo de mercancías; desde yerbas curativas hasta objetos de delicada orfebrería. Fue uno de los aspectos del ambiente exterior que experimentó Sor Juana antes de entrar al convento.

En la segunda mitad del siglo XVII, las autoridades expresaban una creciente preocupación por la cantidad de dinero que se gastaba en los ritos políticos, viéndolo como fausto y derroche. Por otro lado, el hecho de que el arco de la catedral formara el punto culminante respondía a la necesidad de impresionar a los gobernantes imperiales recién llegados, de mostrarles, a través de esta ceremoniosa recepción, que en México nada tenían que envidiar a la Corte peninsular. Siempre se aprobaba el gasto, y a pesar de que algunas órdenes religiosas se negaban a contribuir a los cofres, tanto del arzobispado como de la catedral, a éstos los mantenían en buenas condiciones los diezmos y tributos que se imponían a toda la población.

A la hora de planear los eventos, no obstante, el Cabildo procuraba reducir los enormes gastos que generaba este tipo de fiesta. Así fue en el caso de «la idea y poesía del arco» de Sor Juana. Aunque el contrato para la creación, descripción y realización de este efímero arco triunfal fuera resultado de un voto no unánime del Cabildo Catedralicio del Virreinato, el proyecto se cumplió con creces. Tras discusiones que empezaron en julio de 1680, finalmente se decidió pagarle 200 pesos en vez de 150, que era lo que sugerían algunos, en parte porque había cumplido más que bien, y en parte por «la circunstancia de que una muger huviesse emprendido esta obra y ser una pobre religiosa digna de ser socorrida» (Saucedo, 188).

A esta «pobre religiosa» siempre se le pedía, sin embargo, toda clase de composiciones escritas para las fiestas religiosas, festividades virreinales, cumpleaños, natalicios y funerales del virreinato. Al aceptar los pedidos literarios ganaba Sor Juana no sólo favor y fama, sino también el pan de cada día, pues cada monja tenía la responsabilidad de mantener su «hogar». Las viviendas del claustro jerónimo no eran celdas sino habitaciones de dos pisos con un promedio de cuatro sirvientas para las aproximadamente cuarenta religiosas de velo blanco del convento.

Sor Juana dio gracias por el generoso pago con una décima risueña, en que se utiliza la retórica de la (falsa) humildad y se reitera la idea de que el dinero, además de corromper, cohíbe la inspiración:

> Esta grandeza que usa
> conmigo vuestra grandeza
> le está bien a mi pobreza
> pero muy mal a mi Musa
> ....
> pues por un Arco tan pobre
> me dais una arca tan rica.

....
que estar tan tibia la Musa
es efecto del dinero[7].

Los oficiales catedralicios que la seleccionaron (las «grande-
zas» a quienes va dirigido el poema) le habrán indicado a la sa-
bia monja que, además de impresionar y de alabar al nuevo vi-
rrey, había que pedirle públicamente que se ocupara de dos
asuntos urgentes que preocupaban a toda la ciudadanía: la for-
ma de prevenir inundaciones en tiempo de lluvias y el estado
incompleto de la misma catedral, en cuya puerta occidental
se instalaría el arco. Los nuevos virreyes recibirían primero las
llaves de la ciudad frente a otro arco, en la cercana plaza de
Santo Domingo. Se trata de una larga procesión que empeza-
ba a las cuatro y cuarto en punto de la tarde, y en la que parti-
cipaba casi toda la población ordenada jerárquicamente.

Todo el gran rito de investidura terminaba al anochecer,
cuando el virrey y su comitiva aceptaban la invitación ofrecida
en los versos finales de la «Explicación», formales y afectuosos:

Pero entrad, que si acaso a tanta alteza
es chico el templo, amor os edifica
otro en las almas de mayor firmeza

Al entrar en la catedral por el portal del arco, se dejaba atrás
el teatro al aire libre: el redoble de campanas, coros de ala-
banza, música festiva, carrozas y el olor de incienso; un ver-
dadero banquete sensorial. Era hora para la solemnidad espi-
ritual, para que el nuevo gobernante jurara fidelidad a la Iglesia
Apostólica Romana y su Papa.

En septiembre, Sor Juana entregó su texto con una breve
descripción del arco (tomado del texto clásico sobre temas ar-
quitectónicos de Vitruvio), junto a la elaboración y justifica-
ción de su argumento neptúnico. El propio arco triunfal fue
un objeto —una construcción que hoy quizás llamaríamos
«instalación multimedia»— de arte efímero. La estructura del
arco, el marco, se utilizaba y se volvía a utilizar una y otra vez;

---
[7] Núm. 115, «Esta grandeza que usa».

era de alquiler. Se sabe por los contratos que sus dueños sólo les ajustaban detalles y repintaban. Medía veinticinco metros con catorce centímetros de altura; y trece metros con cuatrocientos ocho centímetros de ancho, según Salceda (IV, 608). El trabajo nuevo consistía en la elaboración de los cuadros con sus textos (ejecutados por calígrafos) y de los escudos reales y familiares. No son conocidos ni los calígrafos, que serían probablemente de la conocida familia dedicada a ese oficio, los Lagarto, ni quiénes ejecutaron las imágenes emblemáticas ideadas por Sor Juana (¿puede haber sido el renombrado pintor mestizo Juan Correa?). Ella describió el tema, el fondo y los personajes; en algunos pocos casos, para ayudar a los pintores a transmitir lo que imaginaba, especificó también los colores. (Véase la «Guía de lectura».)

FUENTES, MITOS Y CÓDIGOS SUBLIMINALES

Cultas e ingeniosas, es decir, de una exuberante erudición típica del Barroco, son las tres partes del *Neptuno alegórico, océano de colores, simulacro político...*: (1) «Dedicatoria»; (2) «Razón de la fábrica alegórica, y aplicación de la fábula»; y (3) «Explicación del arco». La segunda, y la más larga, abre la narración después del exigido gesto retórico de humildad. Exhibe y explica la invención de la enramada trama alegórica. Luego, el texto se divide en catorce apartados, uno sobre cada emblema con su imagen, lema y *subscriptio* (el poema al pie de la empresa). La portada del *Neptuno alegórico* está enteramente llena de texto, como era característico en esta época. Apunta el nombre completo y los numerosos epítetos y títulos del nuevo virrey. Estos títulos genealógicos contribuirían a la temática mitopoética de la alegoría. Al textualizar la alcurnia de la pareja, especialmente la de la virreina María Luisa Manrique de Lara, daba cuenta a su vez de la historia política y cultural de España desde Alfonso el Sabio.

El arco se anuncia como un obsequio «amante» de «la augusta iglesia metropolitana» y la «imperial metrópoli» y está pletórico de referencias eruditas y citas. La primera de ellas, de un texto que aparece con frecuencia en el *Neptuno (Hieroglíphica* de

19

Valeriano Bolzani, llamado por Sor Juana Pierio Valeriano), nos acerca a la tierra de Isis al informarnos que el símbolo de Dios para los egipcios era un círculo. La última es de Virgilio (citado doce veces). En la temprana edad moderna no se veía bien que las mujeres, y menos las monjas, citaran a Séneca, por ser pagano y con frecuencia obsceno; Sor Juana, desafiante, lo cita en siete ocasiones en esta obra. Notable es la de Erasmo, el influyente humanista holandés, autor de libros proscritos por heterodoxos. Su inclusión sorprendente en el texto que describe el séptimo lienzo ejemplifica la vocación al riesgo de Sor Juana.

Con la presentación-dedicación al «Excelentísimo señor» afirma la autora que se hablará en parábolas y «con viejo enigma». Años después la criticaría duramente el arzobispo de Puebla por su insistencia en expresarse con parábolas aunque no por ello Sor Juana dejará de hacerlo. «[U]n jeroglífico [...], un emblema, un enigma» fue la sucinta y acertada conclusión de Octavio Paz sobre el *Neptuno alegórico. Océano de colores, simulacro político* (240). En esta edición anotada, nuestra tarea ha sido establecer un texto definitivo, localizando y verificando las fuentes de las 221 citas que incluyó Sor Juana, descifrar los emblemas y —hasta donde nos ha sido posible, ya que es tarea de por sí inacabable— los enigmas.

No es el *Neptuno alegórico,* estrictamente, una «relación festiva», sino una especie de libreto, guión o plan para el arco triunfal que se iba a construir e instalar en la puerta occidental de la Catedral, junto con el poema final, la «Explicación del arco», de 257 versos que se declamarían frente al público el 30 de noviembre de 1680. Es un programa y una lección política alegorizada llena de ingenio gracianesco. El largo poema de la «Explicación» que se recitó frente al arco sería la primera parte en publicarse del *Neptuno alegórico.* Suponemos que la «Inscripción», y las catorce secciones del «Argumento» que describen sus respectivos emblemas, fue lo primero que completó la escritora para entregarlos al Cabildo, que a su vez se lo entregó a los pintores que ejecutarían el trabajo según sus especificaciones. Consta de catorce emblemas a colores, cada uno con imágenes y palabras: un lema y un poema o epigrama como exigía el género inventado por Andrea Alciato *(Emblematum libellus,* 1522) pronto traducidos a las lenguas vulgares.

De Alciato (a quien Sor Juana rinde homenaje citándolo varias veces en el arco) es el famoso emblema que menciona la poeta al describir el sexto lienzo. Se trata del símbolo que identificaba a la prestigiosa editorial de Amberes, Aldus, cuyos ejemplares leía la poeta: una áncora envuelta por un delfín. Éste va con el lema que aconseja rapidez en la ejecución de los asuntos y lentitud en su consideración. Los lemas de los ocho «lienzos» de la parte superior del arco y los seis «jeroglíficos» de sus basas (dentro de y entre las que hoy llamamos basas de las columnas) iban pintados cada uno en un listón, arriba, y el epigrama en un tarjón o escudón al pie del lienzo o cuadro. El arco era, pues, como un enorme libro de emblemas al aire libre con todas sus «páginas» abiertas a la vez.

El carácter general de las imágenes y sus textos coincidían con el texto de otros arcos y, como ya indicamos, con el perfil de otros libros de emblemas muy leídos en la época. Este hecho ha llevado a algunos estudiosos (Sigüenza y Góngora en el siglo XVII; Helga von Kügelgen y Sagrario López Poza en el XX) a calificar al *Neptuno alegórico* como tradicional. A nuestro parecer, ocurre el caso contrario. El arco de Sor Juana es, aunque siga las reglas formales del género, creativo y original, un ejemplo de virtuosismo barroco-humanista salido de la imaginación y la pluma de una joven ansiosa no sólo de complacer y asombrar sino también de educar y aconsejar. Sor Juana era una pensadora que, como dice Fernando de la Flor sobre El Greco y otros pintores, comprendía «el mundo próximo propio, conocido por ser gobernado por el cambio, la transformación y la presencia en él de los fenómenos de lo multiforme» (111).

Esta comprensión, que la poeta se proponía comunicar a «los entendidos», la traduce jugando de varios modos con los conceptos acuáticos. Basten dos ejemplos, uno sencillo y sonriente y otro de sentidos múltiples, tomado de las metamorfosis ovidianas. El primero racionaliza socarronamente su propio procedimiento alegórico y tiene lugar en la transición que va de los «lienzos» de la parte superior del arco a los jeroglíficos de las basas: «...y por no salir de la idea de aguas se previno deducirlas y componerlas todas de empresas marítimas, quizá porque siendo de aguas se asimilan más con su claridad a sus ínclitas virtudes...». «Aguas» significaba también

«¡socorro!» o «¡fuego!». Sor Juana guiña, mezcla lo sublime y lo pedestre. Orquesta como dramaturga experta; y tras la elocuencia nos deleita con el juego y la mofa jocosa.

El segundo ejemplo, de Ovidio, es la cita más larga de todo el texto (de las doscientas veinte en latín y una en italiano, de Boccaccio). Esta cita va inserta en la descripción de uno de los seis jeroglíficos y narra la historia de Glauco. Al perder su forma mortal bajo el impacto de las aguas de cien ríos, es recibido «con la dignidad de / compañero...» por los dioses (83-84). En la mitología griega Glauco es una divinidad marina, hijo de Poseidón (el nombre griego de Neptuno) y de la náyade Nais o de Nereo y Doris, en otras versiones del mito. Aquí Sor Juana inserta una alegoría dentro de la alegoría. El afán de altura, de ascender (que poco tiempo después verterá la autora en el *Sueño,* su largo poema filosófico), refiere en forma mitológico-alegórica el modo en que los antiguos anhelaban que se mantuviera limpia y pura el agua. En la lisonja al mar o a la mar, que es María, se adivina una plegaria para que logre fertilidad como resultado de su travesía oceánica. La alabanza al mar-María se transforma en conjuro y una petición velada.

Planteada la analogía artística que señala Fernando de la Flor, podría señalarse, aunque en otra dimensión, que Sor Juana, a semejanza de Velázquez en *Las meninas,* se incluye a sí misma como protagonista de su obra. Pero tratándose aquí de una obra verbo-visual el camino que ha de tomar la poeta para animar el buen proceder y el mecenazgo del nuevo virrey es otro. Con una cita de Horacio, Sor Juana se insinúa como la voz del reino. Alabando al nuevo gobernador, enaltece sobre todo el uso de la razón y el «buen consejo». Añade a la alegoría, al final, un conjuro o una plegaria. El buen uso de la razón garantizará un periodo de gobierno bueno y generoso para su pueblo y su persona. Sor Juana no menciona a Dante, pero Virgilio y la *Eneida* la acompañan en todo su viaje alegórico-emblemático. En la alegoría México se vuelve Delfos, Venecia y sobre todo Roma.

A lo largo de su carrera literaria, Sor Juana se interesa en el concepto de los atributos divinos de la inteligencia humana; es decir, la persona que sobresale por su discurso, conocimientos y saber, se diviniza. En el *Neptuno* hallamos muchas figuras con la virtud de ser sabias, entre ellas: al delfín-poeta, cuyo premio es convertirse en la constelación homónima; a Canopo, el navegante de Menelao; nombre de una de las estrellas más brillantes que se encuentran en la constelación de la nave Argos y que es representado de múltiples maneras, incluyendo la de varias formas de vasija; a Quirón, maestro de Aquiles; y sobre todo a Isis y Minerva-Atenea, representante del triunfo de la razón, la productividad y la paz. Desde el principio, al ratificar su procedimiento alegórico, enfatiza la poeta: «y los que llamó dioses la gentilidad, fueron príncipes... a quienes por sus raras virtudes atribuyen divinidad». Más indirecto es el paralelo saber-persona ofrecido en el *Sueño*, en el que de varios modos, al transformar el anhelo por escalar la pirámide del saber universal, se celebra el riesgo absoluto por el saber. En la *Respuesta*, tras la larga lista de mujeres sobresalientes, se afirma: «y en fin toda la gran turba... no fueron más que mujeres doctas, tenidas y celebradas y también veneradas de la antigüedad por tales» (Arenal y Powell, 78).

EL COMPROMISO POLÍTICO DE SOR JUANA

Con el *Neptuno alegórico* Sor Juana cumple su compromiso: da la bienvenida y celebra al nuevo virrey y su consorte; en nombre del cabildo y de todos los habitantes de la Nueva España, exhortando a que se atiendan los dos problemas serios que tenía la ciudad de México. Primero le pide al nuevo gobernador que proporcione los recursos de ingeniería necesarios para el remedio de las frecuentes inundaciones. En ocasiones, la situación alcanzaba niveles tan catastróficos que se había llegado a pensar en trasladar la ciudad[8]. Hacía falta que se localizara un lugar, en palabras suyas, «por donde fluya una laguna, en su tan necesario como ingenioso desagüe». Entreteje así Sor Juana en su texto las tareas prácticas predeterminadas por la comisión con el tema alegórico anunciado en el título.

Al introducir la segunda tarea a cumplir, Sor Juana empareja a Neptuno y Apolo. Juntos, estos dos constructores mitológi-

---

[8] Richard L. Kagan y Fernando Marías, *Urban Images of the Hispanic World: 1493-1793* (New Haven, Yale University Press, 2000), 152.

23

cos del muro de Troya, colaborarán en las nuevas labores de terminar el gran templo de México. Aquí tal vez, al incluir la palabra *templo* en vez de *iglesia* o *catedral*, se muestra atrevida la joven: el gran templo de los aztecas, destruido por los invasores, yacía debajo de la catedral. Aunque no se redescubrió hasta el siglo XX, es probable que, además de haber leído al historiador franciscano, el mexicano Fray Juan de Torquemada (citado en el *Neptuno*)[9], sabiendo nahuatl, el idioma del entorno en que creció, habría oído en algún momento de las tradiciones históricas; conocería el relato oral de los sobrevivientes indígenas sobre sus grandes monumentos.

Volviendo a Neptuno y Apolo, hay que suponer que el público, o parte de él sabría que en una de las versiones del mito se trata de una estafa. El rey que les encargó a los dos el proyecto, Laomedón, les estafó al no completarles el pago por sus labores. Al pedirle al nuevo virrey que contribuya también a concluir la edificación de la catedral inacabada, escribe: «[...] el magnífico Templo Mexicano [...] aunque sin su última perfección: que parece le ha retardado la Providencia, para que la reciba de su patrón y tutelar Neptuno, nuestro excelentísimo héroe».

Podemos argumentar que Sor Juana censuraba las demoras, las injusticias de la realidad socio-política y la corrupción de algunos de los que dominaban. Describir este octavo lienzo, el último de la parte superior del arco, diciendo que lleva pintada la catedral incompleta no nos parece inocente. Es un perfecto ejemplo de *mise en abyme* (el pintar la catedral sobre la catedral) que como todo en el arco, lleva ramificaciones plurivalentes. Son, en suma, complejamente simbólicas todas las alegorías de este *Neptuno alegórico*.

El texto del arco anuncia una multiplicidad de preocupaciones. Inventa y explora etimologías y un lenguaje que propone significados polivalentes y profundos. Insiste que lo abstracto e ingenioso se relaciona con la inteligencia y el intelecto. Abarca Sor Juana, por tanto, mucho más que las dos peticio-

---

[9] Torquemada (1527?-1624), en su *Monarquía indiana*. Da ejemplo del valor de los indígenas y justifica su confusión ante los hombres a caballo, que al principio creyeron centauros.

nes que le encargaron los oficiales de la ciudad. En el *Neptuno alegórico,* como bien lo señala y explica Verónica Grossi, se dan dos modos de alegorizar: al inventar al virrey como Neptuno, la escritora compone una alegoría. Al «proporciona[r] la clave de interpretación [...] lleva a cabo una alegorización» (97). El andamiaje simbólico le permite instalarse en el papel no sólo de maestra de ceremonias, sino también en un rol pedagógico en el que expone su saber e ingenio y utiliza una cantidad pasmosa aunque no inusitada (porque era un rasgo propio del género), de referencias a la mitología y a los autores del mundo clásico y bíblico. El *Neptuno* es un canto a la prudencia inteligente en el regir. Su éxito amplifica (y complica) la ya estimable fama de la poeta.

Más que la de un príncipe cristiano, el *Neptuno* es la «educación del príncipe isisiano». Procura una enseñanza basada en la diosa egipcia Isis, la diosa madre que a su vez es también un compendio de divinidades femeninas: Minerva, Atenea, Cibeles, Diana y otras diosas. Isis representa un concepto de máximo interés para la escritora mexicana: la idea universal polimorfa. En ese momento histórico todo lo proveniente de lo que se creía que había sido la cultura egipcia atraía sobremanera. Sor Juana tenía a su alcance numerosas fuentes para hablar de Isis. Una de ellas, aunque no lo menciona, es el *Oedipus Aegyptiacus* (1652-1654) del polígrafo jesuita Atanasio Kircher. Este *Edipo egipcio,* con gran profusión de imágenes, además del texto escrito, fue uno de los modelos del eclecticismo sincrético que caracterizó su pensamiento y obra.

Señala Kircher entre las fuentes literarias del *Oedipus* la filosofía caldea, la kabbalah hebrea, el mito griego, la alquimia árabe y la filosofía latina. El prolífico jesuita alemán, precursor en ciencias de la ilustración, es figura central entre los muchos autores que animaron el interés de Sor Juana en evitar el discurso esclerótico dogmático imperante. Ambos emplearon conceptos basados en la metamorfosis, en la fluidez y la transformación. El resultado es un *tour de force,* que resume y engloba un vasto aparato de referencias eruditas, discrepancias y conjeturas, es un juego de cajas chinas, un grupo de *puzzles* que resume la cultura humanística de la época barroca. La utilización de una profusión de fuentes —sobre todo las de erudición mitológica y clásica— divertía y causaba admiración en el siglo XVII.

Hay que notar además que la mitología pertenecía no sólo a la elite. Para sus fines religiosos (de conversión, confesión y escolarización) los sacerdotes y educadores eclesiásticos utilizaban todo el acervo cultural greco-latino. Tomas Gage, jesuita irlandés renegado, que pasó unos tres años entre México y Guatemala, además de fijarse en el lujo y la elegancia del vestir de hombres y mujeres, tanto de pobres como de ricos capitalinos, describe las fiestas de provincia. Frailes y misioneros organizaban fiestas en las aguas del río. En una de ellas se vistió a un grupo de indígenas de dioses y fauna marina mitológica, sin que faltara el borrascoso Neptuno, marino por excelencia.

La mitología y la erudición también se ponían al servicio de los anhelos y deseos. Uno de los enigmas a descifrar entre las proyecciones alegóricas del *Neptuno* tendría que ver, como sugerimos arriba, con el conocido deseo de la pareja de producir un heredero. Se sabía algo de las dificultades y tristezas que había sufrido la pareja por la muerte de su hijo de ocho meses y una hija tras pocas horas de nacer. La monja fortalecería a la futura madre, animándola y estimulando su intelecto sediento. En el *Neptuno* Sor Juana revisa y reinventa un mundo de raíces maternales que desafía el de la realidad circundante, sugiriendo que hasta la paternidad y el patrimonio pueden ser femeninos. Su rechazo al matrimonio —narrado en el *Neptuno* al contar el mito de la resistencia de Anfitrite a casarse con Neptuno— se declara directamente en la *Respuesta*. Sor Juana elabora con frecuencia, sin embargo, la temática de la fertilidad e imágenes de la fecundidad. Con expresiones ingeniosas sobre la luz y el dar a luz demuestra su interés en la biología tanto como en la física; en lo materno, lo paterno y la procreación; y en el *Neptuno* la poeta enfatiza lo maternal de la paternidad.

Los arcos de México y el Imperio

Desde la llegada de la primera audiencia española, enviada a gobernar la Nueva España en diciembre de 1528 se empezó, según don Carlos Sigüenza y Góngora, a erigir arcos y portadas triunfales. Se organizaban procesiones para acompañar a los catafalcos en los funerales de gente principal tanto de España como de México. Así mismo, se ofrecían justas, saraos, carros y pirámides que marcaban otras fechas importantes en el calendario determinado por los gobernantes y las autoridades eclesiásticas. De algunos de estos eventos quedaron minuciosas relaciones que informan sobre el alcance y el modo de concretizarse el poder imperial.

Al vigésimo octavo virrey de la Nueva España, Tomás Antonio de la Cerda, conde de Paredes y marqués de la Laguna, se le nombró en el cargo el 8 de mayo de 1680. Él y su esposa, María Luisa, desembarcaron en Vera Cruz en donde se tomaba posesión del virreinato; pasaron por Puebla, que les celebró con su propio arco, y llegaron a México el 7 de noviembre. Como las preparaciones para la entrada formal, la procesión y ceremonia de investidura estaban aún incompletas, la pareja se alojó primero en Chapultepec al no poder instalarse todavía en Palacio. En aquel entonces, Chapultepec estaba en las afueras de la ciudad. La entrada solemne se postergó hasta finales del mismo mes.

Se erigían siempre, como se dijo arriba, dos arcos con programas iconográficos en la ciudad de México. El primero en la plaza de Santo Domingo (donde quedaba el Santo Oficio), patrocinado por el Municipio de la Ciudad de México; y el segundo se levantaba en la puerta occidental de la catedral (en la plaza central, hoy el Zócalo). Se elaboraban con una variedad de materiales como el estuco y el cartón piedra, o *papier maché*, que daban la impresión de ser columnas, marcos y esculturas de bulto de mármol y bronce.

El arco triunfal, erigido en la Plaza de Santo Domingo en 1680, fue inventado por don Carlos Sigüenza y Góngora, el otro intelectual notable e iconoclasta del virreinato, protegido como Sor Juana, por el saliente arzobispo-virrey Fray Payo de Rivera (primo del que entraba a gobernar). Titulado *Theatro de virtudes políticas...*, éste fue una estructura independiente, como los de Roma en la antigüedad, de cuatro lados y tres arcos. Cada fachada llevaba un tablero principal; la del norte, el retrato de los nuevos virreyes; y la del mediodía, las insignias o empresas de los príncipes aztecas precedentes. Los tableros principales representaban las clásicas virtudes occidentales, encarnadas en retratos del dios Huitzilopochtli y de once reyes aztecas más. Cada uno mostraba una virtud. El códice indígena que inspiró estas figuras le pertenecía a Sigüenza y Góngora. A diferencia de Sor Juana, los jeroglíficos de los cuatro pedestales se los encargó don Carlos a otro autor.

En México, más que en España, en el siglo XVII se organizaban aún numerosas fiestas cívico-religiosas. Paradójicamente, conforme menguaba el poder financiero y político de la corona se incrementaba el alarde y la ostentación de riquezas en un intento de mantener (aunque fuera en la apariencia) el poder. En España, con posterioridad a 1630, estas fiestas fueron disminuyendo. México, en cambio, seguía sintiendo la necesidad de impresionar, de ufanarse de ser la Roma o la Venecia del «Nuevo Mundo». A la llegada de los nuevos mandatarios, tras un largo y peligroso viaje, había que asombrarlos con todo, incluyendo el brillo de la ciudad y de los creadores de alegorías. Así como en la *Eneida* Virgilio cuenta el establecimiento de Roma, en el *Neptuno,* inspirada o guiada por el gran poeta clásico, alegoriza Sor Juana a México, creándole ecos romanos. Se refiere también a otras ciudades: a Venecia (por los canales), a Delos (por las sacerdotisas y sibilas), a Atenas (por Atenea/Minerva), a Mantua (por Alciato y por los antepasados de la virreina María Luisa). En su espectáculo Sor Juana ayuda a crear una especie de auto sacramental greco-romano de la vida ciudadana imaginaria de la que formaron parte todos los habitantes.

REVALORACIÓN, ESTUDIO Y CANONIZACIÓN

Durante el siglo XVIII, en general, todos los escritores del Barroco fueron eclipsados por las sombras de la Ilustración. No fue hasta el siglo XX que despertaron interés renovado. En México, en 1952 se reimprimió por fin el *Neptuno* como parte de un homenaje a Manuel Toussaint, el intelectual que lo sacó del olvido. Una vez redescubierto y valorado, hubo contribuciones notables. Francisco de la Maza, historiador del arte, recogió y organizó documentos históricos sobre Sor Juana y alabó el valor del *Neptuno* con gran tino:

> La alegoría es perfecta: agua y color, mitología y símbolo, teatro y simulacro para festejar a un Marqués que lo era de la Laguna, en una ciudad que era todavía el corazón de una laguna y que había sido el Anáhuac, el país del agua. Oportuna y certera [SJ] aplaudió en el nuevo virrey su prosapia española [...] y situó a México en el escenario político (citado por Salceda, OC, IV, xxxviii).

Karl Ludwig Selig, el primer estudioso del siglo XX que dedicó parte de su labor intelectual a perseguir ediciones de la obra, describiéndola y relacionándola con la tradición emblemática europea, hizo un viaje a Chile en busca de la primera versión impresa del *Neptuno* y con gran esfuerzo logró permiso para estudiarla[10]. Georgina Sabat de Rivers examinó con erudición el entorno socio-cultural de Sor Juana, caracterizando la obra en el mismo título de su imprescindible ensayo, «El *Neptuno* de Sor Juana: fiesta barroca y programa político», publicado por primera vez en 1982. En su aclamada biografía, Octavio Paz dedica al arco de Sor Juana dos capítulos de intensa discusión y especulación: «El mundo como jeroglífico» y «La madre Juana y la diosa Isis».

José Pascual Buxó, teórico, filólogo y crítico, como Elías Rivers y Georgina Sabat de Rivers, maestros de generaciones de estudiosas y estudiosos sorjuanistas, iluminaron el *Neptuno alegórico* y el *Sueño* dando a conocer las fuentes y estructuras emblemáticas y los modos de pensar y escribir en la época de la monja. En México, Buxó ha publicado desde 1959 finas exploraciones epistemológicas del *Sueño* y del *Neptuno* insistiendo en el intrínseco carácter emblemático del arco. Alatorre, Bénassy-Berling, Glantz, Luciani, Trabulse y Wissmer comentan sobre el arco en perspicaces estudios de otras obras de Sor Juana. Recientemente, en su *Sigilosos v(u)elos epistemológicos en Sor Juana Inés de la Cruz* (2007), Verónica Grossi analiza

---

[10] Información relatada en una entrevista personal.

con profundidad esclarecedora el manejo de la *allegoresis* (alegorización textual, visual y encomiástica) al explorar la expresión lírica innovadora de Sor Juana. Enfocándose en el *Sueño,* el *Divino Narciso* y el *Neptuno alegórico* (especialmente la «Explicación del arco») concluye: «El grado de ensanchamiento de las fronteras semánticas del lenguaje poético que lleva a cabo la monja no se da en ningún otro poeta de su tiempo» (41).

Sor Juana desempeñó siempre y desde muy joven, como hemos dicho, un papel mucho más amplio que el de simple figura de entretenimiento palaciego o de monja piadosa. Estaba cercana a los que llenaban los asientos del poder político y eclesiástico. Se dedicaba a manejar los asuntos financieros del convento además de rezar y robarse tiempo para el quehacer filosófico y literario. Y lo que tal vez importe más es que la autora supo recrearse, revisando y re-articulando su propia identidad, dejándose en las palabras, como bien lo explica Luciani al puntualizar que al alegorizarse, Sor Juana se autorizó, estableciendo sus credenciales de letrada principal de la Nueva España (23).

El *Neptuno alegórico* dio inicio a los doce años de mayor auge, productividad y fama de la escritora; tras los cuales comenzó su declive. La pareja celebrada por el efímero arco triunfal de bienvenida, los marqueses de la Laguna (y condes de Paredes) serían, repetimos, sus mecenas más importantes y casi todos los días pasaban a visitarla en el claustro. Cuando la virreina volvió a España con este y otros textos, parece haberse asegurado de que el arco se incluyera en posición de honor al final de la *Inundación castálida,* el primer libro, impreso en Madrid[11], de la en aquel entonces llamada Madre Juana Inés de la Cruz, que llegó a perfilarse como maestra y consejera de los que mandaban.

Así triunfó la autora de «la más alta prosopopeya barroca»[12], quien, casi dos siglos antes que Percy Shelley[13], creó una

---

[11] El texto del *Neptuno alegórico* se dio a conocer ampliamente en España a partir de 1689. El libro tuvo un éxito impresionante, reeditándose en varias ciudades en 1690, 1691, 1709, 1714 y 1725.

[12] Sergio E. Fernández, *Homenajes: a Sor Juana, a López Velarde, a José Gorostiza* (México, Secretaría de Educación Pública, 1972), 31.

[13] Percy B. Shelley (1792-1822), poeta del Romanticismo inglés, vivió sobre todo en Londres y Roma.

obra cuyo subtexto presagiaba el aforismo del poeta inglés: «Poets are the unacknowledged legislators of the world» (Los poetas son los legisladores no reconocidos del mundo).

LAS CATORCE IMÁGENES EMBLEMÁTICAS
(GUÍA DE LECTURA)

El arco formó parte de un espectáculo que después de realizarse se desarmó. Lo que nos ha quedado es este texto. Al participar en el festejo el día de la entrada oficial del nuevo virrey, el 30 de noviembre de 1680, los personajes históricos transformados y proyectados simbólicamente en el arco —el virrey y la virreina, y todo el cortejo— ayudaron a materializar los símbolos y asentar el nuevo poder. En Europa, con la entrada de los Borbones en el siglo XVIII, este tipo de celebración entró en decadencia, pero en la Nueva España y el Perú duraron las festividades espectaculares todo el periodo colonial, incluyendo el principio del siglo XIX. El rito procesional, hecho para consolidar la relación de México con el Imperio Habsburgo, realzó también el valor de la alegoría emblematizada en el arco y descrita a viva voz en el poema declamado frente a él. Con esta presentación de la obra invitamos a las y los lectores a entrar en el mundo de la cultura humanista y a imaginar el exceso celebratorio de la fiesta barroca.

Para estudiarla en las siguientes páginas, descomponemos y recomponemos el arte verbo-visual del arco. Separamos los planos visual y verbal/auditivo al analizar las tres facetas de sus emblemas. Luego los re-engarzamos, descubriendo el papel de maestra de ceremonias y maestra de enseñanzas que desempeña la autora, asunto tocado en esta Introducción. En conjunto había ocho «lienzos» grandes en la parte superior del arco y seis «jeroglíficos» relativamente pequeños en la inferior. Los lienzos eran pinturas narrativas a la vez que emblemáticas. Los jeroglíficos eran más abstractos, más propiamente emblemas o empresas. Cada uno de los catorce cuadros llevaba su lema pintado en un listón; y al pie de cada uno había un «epigrama» o texto poético, caligrafiado. Eran, como hemos dicho, enormes emblemas insertados en la estructura del arco —reajustado este según las indicaciones de cada autor— para ser vistos por un público de cientos —si no miles— de personas el día de las festividades de la entrada.

Sor Juana (SJ) se deleita en la multiplicidad de significados que pueden tener las cosas y las palabras. Además, se impone de modo ineludible con respecto a este texto tan lleno de citas y alusiones que en lo que selecciona y lo que omite se adivinan muchas posturas ideológicas. Acaso añade un capítulo nuevo, con su tratamiento irónico de la relación idea/cosas/imagen/signo, a la tendencia en el Renacimiento y el Barroco de expandir (o abrir) los modos de alegorizar (Grossi, Pallitto).

Lienzo 1

La pintura central y más importante del arco es un *trionfo*. Así se denominaba a los cuadros de carros llevados por el mar por caballos anfibios (dice SJ que son «marinos» con «verdes cernejas» en los pies) con sus pasajeros de alta alcurnia mitológica. Representando Neptuno y su esposa Anfitrite a los «Excelentísimos Señores Marqueses»; estos dos dioses aparecen circundados de personajes: su hijo, el trompetero Tritón —proyección de la poeta, trompetera del Virreinato de México—, muchas sirenas y sirenos. Se menciona por su nombre a siete de las figuras marítimas femeninas. Pulula el mar/océano de vida.

Van pintados en las cuatro esquinas del tablero, cada uno con su personalidad distintiva, los cuatro vientos principales: Aquilón o Bóreas, Noto o Austro, Euro y Céfiro. El grabado que sirve de frontispicio a un libro de Kircher es la única imagen que hemos encontrado que representa a los cuatro vientos, cada uno con su carácter diferenciado según la dirección geográfica desde la cual sopla.

Siendo el lienzo céntrico e inicial, es el que visualizó SJ más detalladamente y para el cual utilizó más adjetivos de color: «deidad cerúlea», «blancas espumas», «dorados frenos», «verdes cernejas», «verdes cabellos» [de las nereidas], «negro» [viento Euro]; del latín: «color de la pez» y «cabellos canos». Y se adivinan colores: «Céfiro... coronado de flores», «plateadas ondas», «mezclando con tornasolados visos las blancas espumas a las verdinegras aguas», frase de sonoridad homérica. En «La Explicación», el poema recitado ante el arco, se oyeron las siguientes palabras que sugieren colores: *plata argentada, cerúleo tridente, cristalina, dorado, esmaltada cadena.*

Esta pintura principal del arco, la que más elabora SJ, incluye junto a Neptuno y su esposa Anfitrite, y a numerosas sirenas y nereidas, a Palemón sobre un delfín («real insignia del marítimo dios»). Sabrían los lectores que el delfín era símbolo del poeta náufrago rescatado. Algunos sabrían también que etimológicamente significaba útero o matriz y además que había llegado a indicar consejero del rey.

Con la cita de Horacio en el texto y la representación gráfica del delfín, SJ anuncia su deseo de servir de poeta del reino, y acaso también de ser no sólo elegida para el cargo, sino protegida y rescatada.

Lienzo 2

Juno vuela por los aires montada en un carro llevado por dos leones en esta pintura-emblema, como Cibeles, variante de la misma diosa, en la fuente dieciochesca cercana al Museo del Prado de Madrid. Sin identificar color alguno SJ describe la escena y enumera los elementos del paisaje —a vista de pájaro—, es decir, desde lejos. La isla de Ino inundada representa la ciudad de México. Es aquí donde cumple SJ con la primera de las dos peticiones que le encargaron los miembros del cabildo. Las inundaciones que sufre la gran ciudad que gobernará el nuevo virrey se podrán remediar con obras de ingeniería para proveer desagües[14].

Parece divertirse, SJ, al recrear el mundo bajo un signo femenino y mexicano: la ciudad, la isla, la diosa. La capital era el antiguo asentamiento de los aztecas, que era también isla: Tenochtitlan. Y Juno es la diosa relacionada con el matrimo-

---

[14] No fue, sin embargo, hasta el siglo XVIII cuando se pudo lograr por fin algún remedio. ¡La ciudad ha seguido con el mismo problema, en época de lluvias, aún en el siglo XXI!

nio y la maternidad. Ovidio la asocia con esos atributos y con la protección de la mujer. Su culto era importante entre las mujeres de Grecia y su fiesta principal en Roma fueron las matronalias. Una parte esencial de la alegoría, y de lo cifrado en los enigmas, consiste en agenciar y abrir espacios al género femenino.

Lienzo 3

El tema del mal comportamiento de los dioses, que mostrando «resplandores de divino y pasiones de humano» inventaban engaños para perseguir con éxito al objeto de su deseo, aparece en el texto lleno de ingeniosa agudeza y múltiples juegos de palabra. La violación y lo que hoy se designa abuso sexual —por parte de personajes mitológicos masculinos, tanto como humanos— es una problemática que SJ plantea más de una vez en sus escritos.

Las metamorfosis con las que pueden amplificarse los símbolos las aprovecha SJ para su aventura alegórica. Isla-ciudad-mujer-pájaro-diosa-escritora son una y la misma, variándose, representando ideas: sobre la geofísica, la generación en sentido de engendrar, la justicia: «que no siempre salva la inocencia» y «como si la virtud fuera culpa, fue condenada...».

Estas dos citas llevan una carga de exasperación y amargura, tal vez personales. Si tenemos en cuenta lo que le escribiría a su confesor poco más de un año después, sabemos que SJ estaba ya perdiendo la paciencia ante las críticas de su confesor, que la veía carente de obediencia, humildad y, en sus escritos, de castidad (los tres votos que tomaban las monjas).

Su experiencia literaria y vivencial —lo que había vivido en la casa familiar, la corte y el convento— le habían concienciado; veía el mundo con una óptica más amplia que la de sus coetáneos. Hace que se pinte en este lienzo a la heroína encinta, Latona, a punto de dar a luz a Febo, el sol, y Diana, la luna y con «gallarda... aflicción... en el semblante». Está en peligro hasta que Neptuno estabiliza la isla. Entre posibles significados que ha dejado como enigmas por no aludir directamente a ellos están: los terremotos que sufre de vez en

34

cuando la ciudad; el bebé que espera tener la virreina; la inestabilidad e inseguridad económica, política y social; la rigidez desestabilizadora de la Inquisición, las mencionadas críticas y las no mencionadas envidias que suscitan su producción literaria y su fama.

Comienza la descripción del lienzo con la proyección de un mar bravo, con olas gigantes entre las cuales se ve la isla de Delos. Llamada también Ino por SJ, Delos representa la mitológica Asteria, condenada en esta isla que el gentil Neptuno va a estabilizar con su tridente. Aquí la doble alusión a los fenómenos naturales y políticos: a los terremotos y a la inestabilidad socioeconómica; a la reproducción biológica, cósmica y artística/creativa.

Con respecto a este lienzo, que describe SJ con detalles paisajistas y de retrato precisos (una isla de «copados árboles, intrincados riscos») también se deja el asunto de los colores a quienes pintarán las imágenes del arco. En el poema recitado frente al arco, sin embargo, sugieren color varias palabras: *cristalina, ondas, césped, roca, plata y oro*. El texto en prosa permite deducir lo que harían el o los pintores al ver descrito: una isla de copados árboles, el mar, el cielo con algunas nubes[15]. Repetía un tema pictórico común. No es imposible que le recordara algún cuadro visto durante los años que vivió en la ciudad de México con la tía y el tío y en palacio con los marqueses de Mancera. (Los virreyes solían ir a América y volver a España con su propia colección)[16].

Lienzo 4

Aquí se introduce el tema guerrero/militar de manera poco usual. Al describir el lienzo, SJ recurre a la sinestesia (confunde o intercambia los sentidos), y dramatiza la escena: «se pin-

---

[15] Difícilmente podemos adivinar que fuesen pintoras, aunque al no nombrarlo(s) se abre el tema a la especulación: ¡¿podrían haberse pintado en el claustro los tableros?!

[16] Información adquirida en conversación con los historiadores y críticos de arte James Saslow y Marcus Burke.

taron dos ejércitos, con tan gallardo ardimiento expresados, que engañando el sentido común... [la vista] se persuadía a esperar del oído las [especies] del confuso rumor de las armas». No se identifican colores, sino la capacidad de la imagen de despertar a los sentidos además de los sentimientos (el miedo, la confianza, la compasión). La resolución de la contienda entre Aquiles y Eneas se utiliza para recalcar las alegóricas comparaciones. Si la creación histórico-literaria de Roma era indivisible de Virgilio, la proyección de México como nueva Roma consolidaría el paralelo que hace SJ. Tenemos, pues, a Sor Juana proyectándose como el Virgilio de México si no del Nuevo Mundo. Dibuja verbalmente y equipara el buen padre con el buen rey, jugando con el tema del travestismo al hablar de la madre de Aquiles que por «materno recelo» vistió con «feminiles paños».

Hay una división compleja del espacio —o un olvido de la autora de los límites espaciales. Una parte de la descripción o «argumento» de este lienzo exige una perspectiva profunda, que abarque distancias que permitan retratar a los griegos y troyanos atacándose, aquéllos avanzando triunfales, éstos retirándose. Otra parte requiere una escena cercana y detallada: Aquiles, espada en mano, a punto de herir a Eneas. Mencionamos en la Introducción el posible paralelo con *Las meninas* en el sentido de entrar («pintarse») el creador en su obra; aquí vislumbramos, otra vez la sombra de Velázquez —en este caso su *Rendición de Breda*. También nos preguntamos si SJ pudiera haber visto grabados de las pinturas de Poussin de la *Eneida*.

Por último, con relación a la pintura, SJ indica que se pinte a Neptuno en la parte superior «con la nube» lo cual revela la familiaridad, que SJ considera general, del episodio en que se esconde de ese modo Neptuno para ayudar a Eneas. La mención de «centellas de acero» y de «artillería» en el poema recitado, sugerirían tonos y luces metálicos y rojos, anaranjados y amarillos a los pintores, si es que éstos lo leyeron con cierto cuidado antes de elaborar la pintura correspondiente.

En la sección sobre este lienzo, son varias las instancias en que utiliza el contenido visual de emblemas. Parece referirse específicamente al mundo de la emblemática, al discurrir sobre los peligros y distorsiones de la Fama, la necesidad de evitar el chisme («el correr de las voces»), y lo aconsejable de mostrar piedad y limitar el rigor haciendo referencia también quizás a su confesor, Núñez de Guevara.

Lienzo 5

A SJ se le olvida decir exactamente lo que se pintó en este lienzo y cómo. Desarrolla el tema pero no visualiza su plasmación pictórica. Sólo indica que corresponde a Neptuno en su líquido reino con los Centauros que han huido de Hércules.

Podemos conjeturar. ¿Se pintaría una escena interpretando lo que dice al citar el libro de Torquemada sobre la historia de México? En él se menciona a los «bárbaros indios» que creyeron centauros a los invasores. Al insertar esta historia en el ámbito clásico ovidiano de la *Metamorfosis,* SJ parece hacer otra cosa. Hay que pensar, más bien, que SJ consideraba «bárbaros» a los no inteligentes, a los que no usaban la razón.

Sugerimos que en el caso de «bárbaros» puede haber un paralelo con lo que hace a veces SJ con respecto a repeticiones y trasposiciones de ciertas palabras. Cuando, por ejemplo, habla de «usurpar» en su largo poema filosófico, el *Sueño,* utiliza la palabra casi como queriendo darle un vuelco. (Recoge un concepto con el cual no está de acuerdo y lo mina.) Más bien, entonces, los «indios bárbaros» tienen imaginación, como los «gentiles» paganos que inventaron a los centauros a los que SJ divide en buenos y malos. Se insinúa una reinterpretación de la conquista.

Hay además un juego geográfico-monárquico con la divisa de Carlos V. El probar que el *non plus ultra* se había aplicado de manera errónea al descubrimiento, junto con la asociación de Hércules con la fuerza bruta (de los centauros malos) revela una voz criolla, un sujeto colonial que acaso siente simpatía o compasión por los que malinterpretaron la invasión o conquista y creyeron que los invasores eran figuras mitológicas. Es decir, los indígenas resultan menos crédulos y los europeos acaso tan bárbaros como los llamados «bárbaros» o más.

También es posible que se trate de un diálogo intertextual con el otro arco del mismo gran evento, el de Sigüenza y Góngora. Éste, en el texto del suyo *(Theatro político...)*, se vanagloria de crear una temática nueva, verídica, histórica (la de los grandes reyes indígenas a quienes entronca con el Moisés bíblico y con los virreyes españoles). Critica indirectamente a SJ por seguir un patrón tradicional entre «los americanos ingenios» y utilizar «mitológicas ideas de mentirosas fábulas» (238).

SJ juega con ambigüedades y ambivalencias y con inversiones de lo que se dice y cree comúnmente, pero de manera mucho más enigmática que su amigo y rival. Sus lecturas, estudios y observaciones la habrían convencido de que divinidad era sinónimo de sabiduría. Aquí vemos a Neptuno en su reino con los centauros sabios, que «siendo sabios, habían de venir de lo alto». Cómico-serio parece el modo de expresarse, casi como si se riera también de sí misma por repetir tantas veces, de tantos modos, que lo divino y lo virtuoso tiene que ver con el saber y la sabiduría mismos.

Lienzo 6

El texto para este lienzo lleva tantos consejos para el virrey, tantas alusiones y tantos temas literarios subrepticios, que parece haberse olvidado la autora de la pintura.

En el tejido de hilos mitológicos del texto sobre este lienzo SJ incluye el consejo para el príncipe de que la recompensa debe ser mayor que el favor que se paga (motivo que con otro fin se repite en *La respuesta a Sor Filotea de la Cruz.)* Se acumulan referencias casi como para distraer. «Ese cielo hermoso copiado del Autor» (una de las pocas referencias a Dios, pero también juego para recordarnos su propio control). Aquí menciona a Góngora «el Virgilio cordobés» aunque citando un texto atribuido. Es fácil de allí adivinar el paralelo: Sor Juana la Virgilio mexicana. Con todo esto logra repetir lo difícil que fue conseguir que aceptara Anfitrite la unión con él, tema tratado en la sección titulada «Razón de la fábrica alegórica». (El rechazo del matrimonio es otro tema subrayado con ejemplos en la *Respuesta a Sor Filotea de la Cruz* [1691].)

Se adivina además otro tema importantísimo —el de la necesaria salvación del poeta (el delfín). Proponemos que SJ pide tanto auxilio como premio. El delfín era un término utilizado, como hemos dicho, para el consejero del rey. Por otra parte, una de las definiciones etimológicas de la palabra es útero, como también apuntamos, lo cual se corresponde con el ligeramente velado «tema vital»[17] que corre a lo largo de casi toda la obra.

Lo que se pintó puede haber sido una escena nocturna, en la que se veía claramente la constelación del delfín. La escena la iluminaría la luz de los astros reflejada en un mar, acaso con un pez (¿o varios?). (¿Se pintaría el mar como reflejo del cielo estrellado?)

El único adjetivo indicativo de un color aquí, viene con la referencia a Neptuno, el «cerúleo dios» (azul) que premia al delfín otorgándole un puesto entre las constelaciones; sus nueve estrellas parecen ser los elementos que querría que se incluyeran en la pintura. Podría pensarse: un cielo de noche con la parte del zodiaco que mostrara el delfín. Pero eso hay que adivinarlo. En lo que se declamó, las palabras «espumoso» y «acero» indican variantes de blanco y gris.

Este lienzo y el séptimo son los únicos dos que llevan su «epigrama» en latín. De vez en cuando —en sus villancicos, por ejemplo— la monja autora demostraba su facilidad versificadora en esa lengua. Puede haber sido por impresionar, pero también parece posible que en los dos casos funcione como bandera de atrevimiento, por ser versos que piden entenderse como de doble sentido *(double entendres)* especialmente agudos. Si el buen delfín representa a los poetas, hay otro significado. Al utilizar la palabra «torva» con relación al delfín y su gloria, y subrayar que es el que «anuncia las iras de los vientos del mar» (¿las iras de la Inquisición con la que años después escribirá que no quería «tener ruido»?), nos hace suponer que podría referirse al consejero/confesor que tanto poder trataría de ejercer (en su contra) como confesor de los virreyes mismos.

---

[17] Expresión de Amado Alonso al estudiar la poesía de Rubén Darío queriendo identificar un/su meollo.

Lienzo 7

Para esta pintura tendrían los pintores una variedad de posibles modelos, porque la contienda mitológica entre Neptuno y Minerva «sobre poner nombre a la ciudad de Atenas», era conocidísima. Sor Juana deja por completo de apuntar instrucciones relacionadas con las imágenes y los colores que se plasmarán en el lienzo.

El poema o «Explicación del arco» menciona en tono homérico los «verdinegros labios» de Océano/Neptuno; el coturno [zapato/sandalia] «argentado» (que sería color de plata); el «verde» de la oliva que produce el golpe en tierra de la Gran Madre. La poeta metaforiza la alta alcurnia del virrey, transformando su aristocracia socio-cultural en rayos del sol que tejen una alfombra de «esmeralda» para que la pise.

Llama la atención especialmente con respecto a ese lienzo que SJ cuente tan a su modo, tan escuetamente, la historia de la contienda, dejando fuera lo que sabía, por haber leído a Vitoria. Éste relata no la aceptación generosa y sabia de su vencimiento por parte de Neptuno, sino su furia y su venganza misógina (narrada en algunas versiones del mito): se les quitó el voto a las mujeres; ya no podían seguir manteniendo su propio nombre al casarse; y no podían llamarse «Atenea» que significa «mujer» (Vitoria, *Teatro de los dioses de la gentilidad*, y tesis de Amy McNichols).

El epigrama en latín para este lienzo invita a varias lecturas psicológicas o psicoanalíticas con respecto a la vida y el oficio literario-poético de SJ. Si aceptamos que antes de Freud algunos intelectuales comprendieron el mito de Narciso como una lucha del ego por trascenderse (trascender el egoísmo, etc.) y el auto sacramental, *El Divino Narciso* de SJ, entre muchas otras cosas, como un intento de explorar ese tema, acaso pueda verse el epigrama como la declaración del triunfo de la poeta por una parte y por otra, la de tener que «dejar de vencer». Podría verse también, acaso, un pronóstico de la confesión de desobediencia y arrogancia que se le exigiera o que se iba a imponer a sí misma más de diez años después.

Encima del lienzo primero iba el último y en una parte de él se pintó la misma catedral inacabada. Se creó, es decir, una *mise en abyme* (representación de la catedral sobre la catedral). En la otra parte, u otro lado del lienzo se representó en pintura el muro de Troya y a Neptuno y Apolo en su guisa de arquitectos y constructores. La historia mitológica a la que alude sugiere la alegorización de no sólo el nuevo virrey sino también el obispo-virrey a quien reemplazaba, Fray Payo de Ribera. También puede haber una alusión a Felipe II, antes de Luis XIV proyectado de «rey sol», y por extensión a todo el linaje real.

Son varias, por no decir muchas, las complicaciones que introduce SJ en el asunto. La mención de «El magnífico Templo Mexicano», no sólo señala la enormidad de este edificio de estilo europeo, el más grande en ese momento de toda América. El hacerlo en un texto lleno de referencias a culturas gentiles (la egipcia, la caldea, la griega) levanta el fantasma del gran templo azteca destruido por los conquistadores y sobre el cual se erigió la Catedral. Como SJ ha ido equiparando a México con Roma también se hace eco de las grandes iglesias de la ciudad virgiliana, conocidas por medio de los grabados que se hacían tanto de iglesias contemporáneas como de los arcos y otros monumentos clásicos de esa ciudad.

Al poner también en el cuadro el muro de Troya, une los dos temas exigidos por el cabildo. El muro protegería a la ciudad de las inundaciones por las aguas pluviales y las que desbordaban las riberas del cercano Lago de Texcoco. Tampoco está lejos el tema del engaño: al traer a colación a Laomedonte y al tirano de Frigia se intensifica la complejidad de la cita ovidiana y entra el tema de la corrupción y el descuido. Aquí tal vez aun más atrevidamente que en otros sitios SJ revela su íntimo conocimiento no sólo de la mitología, sino de la vida política de la Nueva España. ¿Qué caballo de Troya es éste?, ¿y qué enemigo lleva en la barriga escondido?, ¿a qué acto fraudulento se refiere? La alusión es compleja al sugerir que se ha colado de rondón en México (¿en la Iglesia?, ¿en otra parte del Imperio?) el engaño o la injusticia[18].

Primera basa de mano diestra

Con las pinturas de las «basas» [bases] de las columnas empiezan las seis piezas que se ajustan más cercanamente a los emblemas de los libros. SJ atribuye la imagen de este primer «jeroglífico» que describe el libro de Cartario y lo cita pidiendo que se le pinte de esa forma. Añade que en esta pintura-emblema debe estar una representación de Canopo en forma de vasija en el acto de apagar con agua el fuego.

Por otra parte, Canopo, el admirado navegante («piloto») de Menelao, es figura adicional que por su excelencia y saber recibe después de muerto el premio de ser trasladado a una constelación (el astro más poderoso del velero Argos que, en la versión del zodiaco critianizada a principios del siglo XVII, llevaba el nombre de Santa Caterina). Merece el asunto más investigación.

Interesa también que se abra esta sección con la alusión al templo en que estaba Neptuno con su esposa Anfítrite y los dioses marinos. Puede verse como un eco del primer lienzo en que aparecen como la pareja alegórica central. En seguida habla de la figura principal, tremendamente compleja y múltiple de este jeroglífico: Canopo.

Segunda basa de mano diestra

Esta extraordinaria sección cita a Homero y declara más hijos del ser humano los pensamientos que los hijos biológicos, precisamente por ser aquéllos actos de un solo individuo, mientras que el generar hijos/hijas requiere la participación de dos. Es un texto altamente gracianesco en su ingenioso conceptismo. Podría considerarse buen ejemplo de la autonomía y libertad de opinión que defendía SJ y de la invención en el renacimiento de la individualidad.

---

[18] Gracias a Arantzazu Borrachero por subrayar esta posibilidad.

Aunque hay muchos emblemas en que aparecen una mano y el cielo, no hemos hallado uno que se ajuste perfectamente a la precisión que da SJ: pide que se pinte un cielo «a quien arrebatan unas manos».

Primera basa de mano siniestra

La cita más larga de las 221 del texto es, como se ha comentado en esta Introducción, la que acompaña este «jeroglífico», y versa sobre un tema clave en Sor Juana: las fronteras entre lo divino y humano, la metamorfosis o transformación, lo que «comunicaba un cierto género de divinidad». Además es una pareja, Oceáno y Tetis, a quienes se hace la petición. También, como Glauco, Sor Juana pide a los dioses del mar (a los virreyes) «el honor de ser socio suyo» y sobre todo, tal vez, la libertad de poder ser purificada a su propio modo.

Esta imagen, como la anterior, recuerda a muchos emblemas, pero no hemos hallado una que copie exactamente lo que pide SJ —el «mundo rodeado de un mar y un tridente, que formando diámetro a todo el globo lo dividía».

Primer intercolumnio de mano diestra

Este jeroglífico celebra a la virreina —en forma ya no de Anfitrite solamente, sino de Venus y del Mar/María. Se crea y describe un mundo que podría decirse homomarítimo y homoerótico. Estamos en la «Casa de las Ninfas», con la «madre y principio de todas las aguas». Se repite el nombre de la virreina, la «dignísima consorte», y se le compara hiperbólicamente con Venus. La imagen que pide SJ para este emblema sí se encuentra en la literatura emblemática: el mar lleno de ojos.

Segundo intercolumnio

Con este emblema final se enfatiza: Venus como estrella que ilumina la noche y anuncia el alba. Entra el tema de la fidelidad y se hace eco directo de lo que hasta hace poco se repetía en casi todas las ceremonias matrimoniales de occidente. La novia promete fidelidad: «en lo próspero como en lo adverso». Luego se alude a Italia por varias razones: Virgilio, modelo y guía de SJ, como de Dante a quien no se menciona (ya lo hemos dicho en la Introducción), pero cuyo eco o sombra se adivina; por la historia de España; por lugar de origen de parte de la familia de María Luisa; por ser Mantua la ciudad de Alciato.

El tema de nacimientos se recalca también en este cuadro final en el que se intensifica el tono afectivo. El juego de alabanza hiperbólica llega a su apoteosis con una serie de epítetos: Señora del Mar, Maestra y Disciplinadora del Mar. Y tras ese punto culminante sigue la expresión afectuosa del amor patrio: Si Mantua, para Virgilio, iba «antepuesta a Roma en sus cariños», SJ insinúa que México lo irá en los de María Luisa. Lo que se pintó fue: una nave en el mar y Venus en el cielo.

Explicación del arco

El poema, de alto vuelo lírico, es un modelo de síntesis conceptista que repasa y explica los lienzos y jeroglíficos del arco, compitiendo, así, con el arte visual de los pintores. Es un poema *ekfrástico,* es decir, describe una serie de pinturas. Integra en la serie de silvas algunas de las ideas más significativas para Sor Juana: la metamorfosis; el afán de altura; la virtud sin par del uso de la razón y la equidad; el triunfo de lo pacífico sobre lo violento y el lugar primordial del buen discurso.

Es sin duda un poema dificilísimo de captar en una primera lectura. El leerlo como pieza musical, con sus ritmos y cadencias, tal vez ayudaría a apreciar su complejidad. Su estructura poética, aprendida en Góngora y Quevedo, está saturada de retruécanos y formas de sintaxis barrocos de gran deleite para lectores en el siglo XVII.

Comienza el poema, al igual que el texto en prosa y verso que lo antecede en su versión impresa (si no en su composición), con la exigida reverencia verbal. Su retórica de humildad insinúa un mal cubierto regodeo por su propio duende poético y capacidad técnica-estilística. Hay una energía a flor de piel, si se permite, en los versos en romance (de 8 sílabas con rima asonante) del verso 1 al 68; así mismo en las silvas (versos 69-284), en que se alternan irregularmente versos de 7 y 11 sílabas y, por último, en el soneto que cierra la obra (versos 285-298). Finalmente están las formales y requeridas siglas que alaban a la santísima Madre, a José y a Dios.

Esta larga poesía, que Manuel Toussaint, el editor de una edición del *Neptuno alegórico* de 1952, tildó de *loa,* se recitó o leyó ante el arco durante el espectáculo. La división espacial de algunas partes es compleja. Se mueven las palabras, compiten con los pinceles que concretizaron la ideación de los lienzos: menciona incluso el arco, luego se zambulle en el mar-océano. Allí se haya una isla, ciudades, campos de batalla, el Olimpo, y, siempre, se vuelve al mar. Al describir el octavo y último lienzo se vuelve a la tierra, donde queda el fabuloso templo a Neptuno y también la inacabada «Imperial Mejicana maravilla», la Catedral construida sobre las ruinas del gran templo azteca.

A veces parece que la autora se olvida de los límites espaciales. Lo más probable es que SJ aprovechara la «licencia poética». Una parte, por ejemplo, exige que se tome en cuenta una perspectiva amplia, abarcadora de distancias dentro de las cuales se retrata a los griegos y troyanos atacándose, aquéllos avanzando triunfales, éstos retirándose. Otra parte requiere un *close-up,* una escena detallada: Aquiles, espada en mano, a punto de herir a Eneas.

Finalmente, el último verso del poema recitado en vivo y dirigido al virrey —«sois de las letras el mejor asilo»— subraya la apelación a la defensa para con los creadores literarios y tal vez ante su propia situación de peligro. SJ ha terminado su trabajo. Al nuevo virrey se le invita a entrar en la Catedral.

EXPLICACION SVCCINTA DEL ARCO TRIVMPHAL, QVE ERIGIO LA

Santa Iglesia Metropolitana de Mexico en la feliz entrada del Ex.mo Señor Conde de Paredes, Marquès de la Laguna, Virrey, Governador, y Capitan General de esta Nueva-España, y Presidente de su Real Audiencia, ✠ y Chancilleria. ✠

Que hizo la Madre Iuana Ines de la Cruz, Religiosa del Convento de San Geronimo de esta Ciudad.

✠

Sì à caso, Principe excelso,
 quando invoco vuestro influxo,
con tan divinos ardores
yo misma no me confundo.
Si à caso, quando à mi voz
se encomienda tanto Assumpto,
no rompe lo que concibo
las clausulas que pronuncio.
Si à caso, quando ambiciosa
à vuestras luzes procuro
acercarme, no me abrasan
los mismos Rayos, que busco:
Escuchad de vuestras glorias,
aunque con estilo rudo,
en bien copiadas Idèas
los mal formados Trasumptos.
Este (SEñOR) Triumphal Arco,
que artificioso compuso
mas el estudio de Amor.
que no el amor del Estudio.
Este, que en obsequio vuestro
gloriosamente introduxo
à ser vezino del Cielo
el affecto, y el discurso.

Este Ciceron sin lengua,
este Demosthenes mudo,
que con vozes de colores
nos publica vuestros Triumphos,
Este Explorador del ayre,
que entre sus arcanos puros
sube à investigar curioso
los imperceptibles rumbos,
Este atalaya del Cielo.
à ser Racional presumo,
que al Sol pudiera contarle
los rayos vno por vno,
Este Promethèo de Lienzos,
y Dedalo de Dibujos,
que impune vsurpa los rayos,
que surca vientos seguro,
Este, à cuya cumbre excelsa
gozando sacros indultos
ni ayre agitado profana,
ni rayo ofende trisulco.
Este pues, que, aunque de altivo
goza tantos atributos,
hasta estar à vestras plantas,
no mereció el grado sumo.

A   La

Portada de la *Explicación sucinta del arco triunfal...* (México, 1680).

Esta edición

Algo antes de la entrada de los nuevos virreyes en la Ciudad de México, el día 30 de noviembre de 1680, se imprime y se reparte una breve explicación del arco triunfal efímero ideado por Sor Juana para esta ocasión festiva. Dicha explicación, escrita en verso por la monja mexicana, sirve de programa del gran espectáculo y lleva el siguiente título:

> *Explicacion succinta del arco triumphal, que erigio la Santa Iglesia Metropolitana de Mexico en la feliz entrada del Exc.ᵐᵒ Señor Conde de Paredes, Marqués de la Laguna, Virrey, Governador, y Capitan General de esta Nueva España, y Presidente de su Real Audiencia, y Chancilleria. / Que hizo la Madre Iuana Ines de la Cruz, Religiosa del Convento de San Geronimo de esta Ciudad* (sin fecha).

Al completar Sor Juana el texto del *Neptuno alegórico*, poco después de la entrada real, se le añade esta «Explicación sucinta del arco» al final de la obra en prosa, y se publica con este título:

> *Neptuno alegorico, oceano de colores, simulacro politico, que erigio la muy esclarecida, sacra y augusta Iglesia Metropolitana de Mexico: en las lucidas alegoricas ideas de un Arco Triumphal* (México, Juan de Ribera, 1680).

Nueve años más tarde, con los virreyes de vuelta a la Península, se publica en Madrid el primer libro de Sor Juana, incluyendo el *Neptuno* como último texto, y bajo este título:

> *Inundacion castalida de la unica poetisa, musa dezima, soror Juana Ines de la Cruz ... Que en varios metros, idiomas, y estilos, fertiliza viarios assumptos: con elegantes, sutiles, claros, ingeniosos, utiles versos: para ensenanza, recreo, y admiracion. Dedicalos a la excelma señora. señora d. Maria Luisa Goncaga Manrique de Lara, condesa de Paredes* (Madrid, J. García Infanzón, 1689).

El siguiente año se publica una «Segunda edición, corregida y mejorada por su autora», con este cambio de título:

> *Poemas de la unica poetisa americana, musa dezima, soror Juana Ines de la Cruz: religiosa professa en al Monasterio de San Geronimo de la Imperial Ciudad de Mexico: que en varios metros, idiomas, y estilos, fertiliza varios assumptos: con elegantes, sutiles, claros, ingeniosos, útiles versos: para enseñanza, recreo, y admiracion: dedicalos a la excelma. Señor a. Señora D. Maria Luisa Gonçaga Manrique de Lara, Condesa de Paredes, Marquesa de la Laguna* (Madrid, J. García Infanzón, 1690).

Es altamente improbable que la monja mexicana haya podido ver, corregir y devolver esta obra a Madrid para su publicación, todo en un año. A partir de 1690, el libro se volverá a publicar, con el título *Poemas...*, en Barcelona (1691), Zaragoza (1692), estas dos ediciones con lo de «corregida y mejorada», seguidas por dos más en Valencia (1709), otra en Madrid (1714) y, finalmente, dos más en Madrid (1725). Georgina Sabat de Rivers acierta al explicar esta historia editorial:

> Desde *Inundación castálida*, publicada en Madrid en 1689, a la última edición [...] publicada en 1725, en la misma ciudad, hubo adiciones y supresiones. En esas ediciones posteriores, desgraciadamente, se introdujeron más erratas que correcciones sin que se aclarasen, apenas, las erratas realmente difíciles que ya tenía la primera edición. El texto de *Inundación castálida* es básicamente superior al de todas las que la siguieron[1].

---

[1] Sor Juana Inés de la Cruz, *Inundación castálida*, ed. de Georgina Sabat de Rivers, Clásicos Castalia, 117 (Madrid, Castalia, 1982), 27.

Esa primera edición, *Inundación castálida* (1689), es la que he seguido para fijar la presente edición, teniendo en cuenta las variantes de las otras ediciones. He manejado el ejemplar de la Biblioteca Nacional (signatura R/3053) y también la excelente edición facsimilar, con todas las variantes de las susodichas ediciones, preparada por Gabriela Eguía-Lis Ponce (México, UNAM, 1995). Por otra parte, he tenido presentes, en todo momento, las ediciones modernas preparadas por Alberto G. Salceda (México, Fondo de Cultura Económica, 1951), Georgina Sabat de Rivers (Madrid, Castalia, 1982) y Tarsicio Herrera Zapién (Toluca, Instituto Mexiquense de Cultura, 1995).

He modernizado la ortografía del texto de Sor Juana, corrigiendo a la vez los errores y erratas evidentes, pero he intentado conservar la puntuación original dentro de lo posible. Me he atrevido a corregir el latín que Sor Juana cita, marcando los cambios siempre entre corchetes; de hecho, todas las modificaciones relevantes aparecen entre corchetes. La corrección del latín ha resultado en una traducción fidedigna de los muchos pasajes clásicos y bíblicos citados por Sor Juana, y he contado, cuando ha sido posible, con una traducción española hecha por un experto en el campo. En los casos donde nuestra autora cita en latín un pasaje originalmente escrito en griego, incluyo la traducción española tanto del latín como del griego.

Aparte de ofrecer simplemente una traducción española de los pasajes citados en latín (o italiano), o de limitarme a explicar ciertos aspectos filológicos, históricos o culturales, mis notas pretenden exponer el proceso creador de nuestra escritora, que tuvo que componer este texto por encargo y muy rápidamente. He señalado las fuentes directas de muchas de sus ideas y citas —que provienen en su mayor parte de los libros monumentales de Baltasar de Vitoria, Natale Conti o Vincenzo Cartari—, iluminando así cómo Sor Juana va entretejiendo su texto nuevo con los escritos de estos mitógrafos predecesores y otras autoridades de la tradición occidental. En particular he incluido el título de los capítulos que contienen las fuentes provenientes de Baltasar de Vitoria y Natale Conti. La tesis doctoral de Amy McNichols ha sido de gran utilidad a la hora de cotejar el texto de Sor Juana con el libro de Vitoria, aunque su atención al detalle no es del todo fidedigna, y, tras cotejar de nuevo todos los pasajes, he obtenido diferentes resultados.

Quiero expresar mi más sincera y profunda gratitud a varias personas que han facilitado este largo camino. Primero, y sobre todo, a Electa Arenal, que ha sido una interlocutora sorjuanina y amiga durante años, y que ha contribuido a la presente edición con una introducción crítica. A dos amigos clasicistas, James Astorga y Colin Pilney, que me ayudaron con múltiples pasajes y referencias al principio de esta aventura; y a Cecilia Criado, generosa clasicista que ha ofrecido su ayuda experta a un desconocido transatlántico hacia el final del viaje. A varios alumnos de la Universidad de Delaware, quienes, en diferentes momentos del proyecto, me ayudaron con varias tareas: Scott Freeman, Pablo García Piñar, Jessica Litts, Alondra Pacheco, Jared Riesel, Magdalena Romero Córdoba y Alexandra Saum Pascual. A la oficina de Interlibrary Loan de la Universidad de Delaware, que ha puesto a mi disposición incontables libros y microfichas clave durante estos años. Y finalmente estoy sumamente agradecido a dos madrileñas con la paciencia de Job: Josune García, editora de esta casa, y Guadalupe Parras Serradilla, mi mujer.

V. M.

Bibliografía

OBRAS COMPLETAS DE SOR JUANA

Obras completas de Sor Juana Inés de la Cruz, vols. 1-3, ed. de Alfonso
    Méndez Plancarte, México, FCE, 1951-1955.
Obras completas de Sor Juana Inés de la Cruz, vol. 4, ed. de Alberto
    G. Salceda, México, FCE, 1957. [Este volumen contiene el *Nep-*
    tuno alegórico.]

EDICIONES MODERNAS DE LAS OBRAS DE SOR JUANA (SELECCIÓN)

ARENAL, Electa y POWELL, Amanda (eds.), *The Answer/La Respuesta.*
    Including a Selection of Poems, Nueva York, The Feminist Press,
    1994.
CASTRO LEAL, Antonio (ed.), *Poesía, Teatro y Prosa,* México, Porrúa,
    1965; reed. 1973.
GONZÁLEZ BOIXO, José Carlos (ed.), *Poesía lírica,* Letras Hispánicas,
    351, Madrid, Cátedra, 2001.
HERRERA ZAPIÉN, Tarsicio (ed.), *Inundación castálida,* introd. de Aure-
    liano Tapia Méndez, Morelos, IMC, 1995.
SABAT DE RIVERS, Georgina (ed.), *Inundación castálida,* Clásicos Cas-
    talia, 117, Madrid, Castalia, 1982.
SÁINZ DE MEDRANO, Luis (ed.), *Obra selecta,* 2.ª ed., Barcelona, Pla-
    neta, 1991.
TAPIA MÉNDEZ, Aureliano (ed.), *Carta de sor Juana Inés de la Cruz a su*
    confesor. Autodefensa espiritual, Monterrey, Producciones Al Voleo
    El Troquel, 1993.

Alatorre, Antonio y Tenorio, Martha Lilia, *Serafina y Sor Juana*, México, El Colegio de México, 1998.

Alenda y Mira, Jenaro, *Relaciones de solemnidades y fiestas públicas de España*, Madrid, Sucesores de Rivadeneyra, 1903.

Arenal, Electa, «Del emblema al poema. Leyendo como una mujer la imagen de mujer», en Lorenzano, 15-24.

— «Enigmas emblemáticos, El *Neptuno alegórico* de Sor Juana Inés de la Cruz», en *Sor Juana y su mundo. Una mirada actual. Memorias del Congreso Internacional*, Carmen Beatriz López-Portillo (ed.), México, UCSJ-FCE, 1998, 85-94.

— «Sor Juana's Arch, Public Spectacle, Private Battle», en Jane Dona-werth y Adele F. Seeff (eds.), *Crossing Boundaries: Attending to Early Modern Women*, Newark, DE, University of Delaware Press, 2000, 173-194.

Bénassy-Berling, Marie-Cécile, *Humanismo y religión en Sor Juana Inés de la Cruz*, México, UNAM, 1983.

Bergmann, Emilie L. y Schlau, Stacey (eds.), *Approaches to Teaching the Works of Sor Juana Inés de la Cruz*, Nueva York, MLA, 2007.

Bouvier, Virginia M, «La construcción de poder en *Neptuno alegórico* y "Ejercicios de la Encarnación"», en Lorenzano, 39-50.

Boyer, Agustín, «Programa iconográfico en el *Neptuno alegórico* de Sor Juana Inés de la Cruz», en *Homenaje a José Durand*, Luis Cortest (ed.), Madrid, Verbum, 1993, 37-46.

Bravo Arriaga, María Dolores, «Signos religiosos y géneros literarios en el discurso de poder», en Lorenzano, 93-139.

Brown, Jonathan y Elliott, J. H., *A Palace for a King: The Buen Retiro and the Court of Philip IV*, ed. revisada y aumentada, New Haven, Yale University Press, 2003.

Buxó, José Pascual, «Francisco Cervantes de Salazar y Sor Juana Inés de la Cruz: el arte emblemático de la Nueva España», en *Tres siglos. Memoria del Primer Coloquio «Letras de la Nueva España»*, José Quiñónez Melgoza (ed.), México, UNAM, 2000, 47-65.

Catalá, Rafael, «Sobre el *Neptuno alegórico* de Sor Juana», *Café Lit.*, 6, 31-32 (1983), 29-33.

— *Para una lectura americana del barroco mexicano: Sor Juana Inés de la Cruz & Sigüenza y Góngora*, Minneapolis, Prisma Institute, 1987.

Checa Cremades, Fernando, «Arquitectura efímera e imagen del poder», en Poot-Herrera, 251-305.

Curcio-Nagy, Linda A., «Sor Juana Inés de la Cruz and the 1680 Viceregal Entry of the Marquis of La Laguna into Mexico City», en *Europa Triumphans*, vol. 2, 352-357.

DAVIDSON, Peter, «Sor Juana's Sources for *Neptuno alegórico*», en *Europa Triumphans*, vol. 2, 358-359.

Europa Triumphans: Court and Civic Festivals in Early Modern Europe, 2 vols., J. R. Mulryne *et al.* (eds.), vol. 2, *The New World. Seventeenth-Century Festivals in the Viceroyalties of Mexico and Peru*, Peter Davidson (ed.), Burlington, VT, Ashgate, 2004.

FARRÉ, Judith, «Espectáculos parateatrales en las entradas de virreyes en la Nueva España: el caso del Conde de Paredes (1680)», *Bulletin of the Comediantes*, 58, 1 (2006), 73-87.

FERNÁNDEZ, Cristina Beatriz, «Ecos de la fiesta: la conjunción de las modalidades representativas en el *Neptuno alegórico* de Sor Juana Inés de la Cruz», *Letras de Deusto*, 27, 76 (1997), 197-205.

— «México: ciudad y patria. La búsqueda de los orígenes en dos textos de Carlos de Sigüenza y Góngora y Sor Juana Inés de la Cruz», *Celehis, Revista del Centro de Letras Hispanoamericanas*, 8, 11 (1999), 121-132.

— «Variaciones alegóricas y oscuridad simbólica en el *Neptuno alegórico* de Sor Juana Inés de la Cruz», *Cuadernos para Investigación de la Literatura Hispánica*, 23 (1998), 311-319.

FERNÁNDEZ, Sergio E., *Homenajes: a Sor Juana, a López Velarde, a José Gorostiza*, México, Secretaría de Educación Pública, 1972.

FLOR, Fernando R. de la, *Barroco. Representación e ideología en el mundo hispánico (1580-1680)*, Madrid, Cátedra, 2002.

— *Emblemas. Lecturas de la imagen simbólica*, Madrid, Alianza, 1995.

GAGE, Thomas, *Viajes por la Nueva España y Guatemala*, ed. de Dionisia Tejera, Madrid, Historia 16, 1987.

GATES, Eunice Joiner, «Reminiscences of Góngora in the Works of Sor Juana Ines de la Cruz», *PMLA*, 54, 4 (1939), 1041-1058.

GLANTZ, Margo (ed.), *Sor Juana Inés de la Cruz y sus contemporáneos*, México, UNAM-Condumex, 1998.

— *Sor Juana Inés de la Cruz, saberes y placeres*, Toluca, IMC, 1996.

GROSSI, Verónica, *Sigilosos v(u)elos epistemológicos en Sor Juana Inés de la Cruz*, Madrid, Iberoamericana, 2007.

— «De la fiesta pública al claustro silencioso: alegorías del conocimiento en Sor Juana Inés de la Cruz», *Bulletin of Spanish Studies*, 80, 6 (2003), 665-693.

— «Figuras políticas y epistemológicas en el *Neptuno alegórico* de Sor Juana Inés de la Cruz», *Romance Quarterly*, 51, 3 (2004), 183-192.

— «Spectacles of Power and Figures of Knowledge in Sor Juana's *Allegorical Neptune*», en Bergmann y Schlau, 135-143.

HERRERA ZAPIÉN, Tarsicio, «Los dísticos de sor Juana en latín áureo (Apología del *Neptuno Alegórico* en su tricentenario)», *Literatura Mexicana*, 5, 2 (1994), 373-383.

53

HINOJO ANDRÉS, Gregorio, «Fuentes clásicas y renancentistas del *Neptuno alegórico*», *Nova Tellus*, 21, 2 (2003), 177-202.

KAGAN, Richard L. y MARÍAS, Fernando, *Urban Images of the Hispanic World: 1493-1793*, New Haven, Yale University Press, 2000.

KETTEN, Joannes Michaelis van der, *Apelles symbolicus*, Amsterdam, 1699.

KIRCHER, Athanasius, *Oedipus Aegyptiacus*, 3 vols., Roma, 1652-1654.

KIRK RAPPAPORT, Pamela, «Political Simulation: Sor Juana's Monument *Neptuno Alegórico*», *Journal of Hispanic/Latino Theology*, 2, 2 (1994), 30-40.

— *Sor Juana Ines de la Cruz: Religion, Art, and Feminism*, Nueva York, Continuum, 1998, 27-35.

KÜGELGEN, Helga von, «The Way to Mexican Indentity: Two Triumphal Arches of the Seventeenth Century», en Irving Lavin (ed.), *World Art: Themes of Unity in Diversity*, University Park, Pennsylvania State University Press, 1989, 709-720.

LORENZANO, Sandra (ed.), *Aproximaciones a Sor Juana*, México, UCSJ-FCE, 2005.

LUCIANI, Frederick, *Literary Self-Fashioning in Sor Juana Inés de la Cruz*, Lewisburg, Bucknell University Press, 2004.

MARAVALL, José Antonio, *La cultura del barroco. Análisis de una estructura histórica*, Esplugues de Llobregat, Ariel, 1975.

MARTIN, Vincent, «El *Neptuno* de Sor Juana: una prestidigitación alegórica de letras», en Lorenzano, 161-170.

MARTÍNEZ-SAN MIGUEL, Yolanda, *Saberes americanos: subalternidad y epistemología en los escritos de Sor Juana*, Pittsburgh, University of Pittsburgh, 1999, 141-151.

MAZA, Francisco de la y TRABULSE, Elías (eds.), *Sor Juana Inés de la Cruz ante la historia: biografías antiguas. La Fama de 1700 (Noticias de 1667 a 1892)*, México, UNAM, 1980.

McNICHOLS, Amy C., *The Neptuno alegórico by Sor Juana Inés de la Cruz and the Renaissance Mythographical Tradition*, tesis doctoral inédita, University of North Carolina, Chapel Hill, 2003.

MÉNDEZ BAÑUELOS, Sigmund J., «Ingenio y construcción alegórica en dos arcos triunfales novohispanos», en *Carlos de Sigüenza y Góngora. Homenaje, 1700-2000*, Alicia Mayer (ed.), vol. 1, México, UNAM, 2000, 35-65.

MERKL, Heinrich, «Juana Inés de la Cruz y Carlos de Sigüenza y Góngora en 1680», *Iberoromania*, 36 (1992), 21-37.

NELSON, Bradley J., «Sigüenza and Sor Juana's *fiestas alegóricas*: An Inquiry into Redemptive Hegemony and its Dissolution», en Mindy Badía y Bonnie Gasior (eds.), *Crosscurrents, Transatlantic Perspectives on Early Modern Hispanic Drama*, Lewisburg, Bucknell University Press, 2006, 104-123.

OLIVARES ZORRILLA, Rocío, «Función política de los emblemas en *Neptuno alegórico*», en Glantz, 1998, 245-255.

POOT-HERRERA, Sara, «Claves en el convento. Sor Juana en San Jerónimo», *Revista de Humanidades: Tecnológico de Monterrey*, 16 (2004), 99-118.

— (ed.), *Sor Juana y su mundo. Una mirada actual*, México, UCSJ-FCE, 1995.

SABAT DE RIVERS, Georgina, «El *Neptuno* de Sor Juana: fiesta barroca y programa político», *University of Dayton Review*, 16 (1983), 63-73.

SAUCEDO ZARCO, Carmen, «Decreto del cabildo catedral de México para que a sor Juana Inés de la Cruz se le paguen 200 pesos por el *Neptuno alegórico*», *Relaciones. Estudios de Historia y Sociedad*, 20, 77 (1999), 185-191.

SELIG, Kart-Ludwig, «Algunos aspectos de la tradición emblemática en la literatura colonial», en *Actas del III Congreso Internacional de Hispanistas*, Carlos H. Magis (ed.), 1970, 831-837.

SOKOL, Alina, «Unequal Words: Sor Juana and the Poetics of Money in New Spain», *Early American Literature*, 41, 3 (2006), 455-471.

TORQUEMADA, Juan de, *Monarquía Indiana*, 7 vols., ed. de Miguel León-Portilla, México, UNAM, 1975-1983.

TORRICO SÁNCHEZ, Benjamín, «Teatro de calle, escena de poder: la fiesta barroca como materialización ideológica», *Comedia Performance*, 2, 1 (2005), 146-70.

TOUSSAINT, Manuel, *Loa con la descripción poética del arco que la Catedral de México erigió para honrar al Virrey, conde de Paredes, el año de 1680*, México, UNAM, 1952.

TRABULSE, Elías, *El enigma de Serafina de Cristo. Acerca de un manuscrito inédito de Sor Juana Inés de la Cruz (1691)*, Toluca, IMC, 1995.

WISSMER, Jean-Michel, *Las sombras de lo fingido. Sacrificio y simulacro en Sor Juana Inés de la Cruz*, Toluca, IMC, 1998.

OBRAS CITADAS EN ESTA EDICIÓN

AGUSTÍN, San, *La ciudad de Dios*, en *Obras completas*, vol. 17, ed. bilingüe de Santos Santamarta del Río y Miguel Fuertes Lanero, BAC, 172, Madrid, BAC, 1988.

— *Obras completas*, vol. 24, *Sermones (4.º)*, ed. bilingüe de Pío de Luis, BAC, 447, Madrid, BAC, 1983.

ALCIATO, Andrea, *Emblemas*, ed. de Santiago Sebastián, prólogo de Aurora Egido, trad. de los emblemas de Pilar Pedraza, Madrid, Akal, 1993.

APOLODORO, *Biblioteca,* ed. y trad. de Margarita Rodríguez de Sepúlveda, BCG, 85, Madrid, Gredos, 1985.

APOLONIO DE RODAS, *Argonáuticas,* ed. y trad. de Mariano Valverde Sánchez, BCG, 227, Madrid, Gredos, 1996.

AQUINO, Tomás de, Santo, *Comentario a la Política de Aristóteles,* trad. de Ana Mallea, prólogo y notas de Ana Mallea y Celina A. Lértora, Pamplona, EUNSA, 2001.

AUSONIO, *Obras I,* ed. y trad. de Antonio Alvar Ezquerra, BCG, 146, Madrid, Gredos, 1990.

BADIUS ASCENSIUS, Jodocus, *P. Virgilii Maronis, poetae Mantuani, universum poema,* Venecia, 1558.

BOCCACCIO, Giovanni, *Genealogía de los dioses paganos,* ed. y trad. de M.ª Consuelo Álvarez y Rosa M.ª Iglesias, Madrid, Editora Nacional, 1983.

BOULDUC, Jacques, *De Oggio Christiano,* Lyon, 1640.

CALDERÓN DE LA BARCA, Pedro, *Psalle et Sile,* ed. de Leopoldo Trenor y Joaquín de Entrambasaguas, Valencia, Miguel Juan, 1936.

CARO Y CEJUDO, Jerónimo Martín, *Refranes y modos de hablar castellanos con los latinos que les corresponden,* Madrid, 1675.

CARTARI, Vincenzo, *Imagines Deorum,* trad. de Antonio Verderio, Lyon, 1581.

Catecismo romano, ed. bilingüe de Pedro Martín Hernández, BAC, 158, Madrid, BAC, 1956.

CICERÓN, *Bruto (Historia de la Elocuencia Romana),* ed. y trad. de Manuel Mañas Núñez, Clásicos de Grecia y Roma, Madrid, Alianza, 2000.

— *Cuestiones académicas,* ed y trad. de Agustín Millares Carlo, Austral, 1485, Madrid, Espasa-Calpe, 1972.

— *Discursos,* vol. 4, ed. y trad. de José Miguel Baños Baños, BCG, 195, Madrid, Gredos, 1994; vol. 5, ed. y trad. de Jesús Aspa Cereza, BCG, 211, Madrid, Gredos, 1995.

CIPRIANO, San, *De spectaculis,* en *Patrologia latina,* vol. 4, ed. de J.-P. Migne, París, 1891.

— *Obras de San Cipriano. Tratados. Cartas,* ed. bilingüe de Julio Campos, BAC, 241, Madrid, BAC, 1964.

CLAUDIANO, *Poemas I,* ed. y trad. de Miguel Castillo Bejarano, BCG, 180, Madrid, Gredos, 1993.

CONTI, Natale, *Mitología,* ed. y trad. de M.ª Consuelo Álvarez y Rosa M.ª Iglesias, Murcia, Universidad de Murcia, 1988.

— *Mythologiae,* ed. facsimilar, introd. de Stephen Orgel, Nueva York, Garland, 1979.

CONTZEN, Adam, *Politicorum,* 2.ª ed., Colonia, 1629.

COVARRUBIAS, Sebastián de, *Tesoro de la lengua castellana o española,* ed. de Martín de Riquer, Barcelona, Alta Fulla, 1993.

CRINITO, Pietro, *De honesta disciplina*, ed. de Carlo Angeleri, Roma, Fratelli Bocca, 1955.

CURCIO RUFO, Quinto, *Historia de Alejandro Magno*, ed. y trad. de Francisco Pejenaute Rubio, BCG, 96, Madrid, Gredos, 1986.

CURTIUS, Ernst Robert, *Literatura europea y Edad Media latina*, trad. de Margit Frenk Alatorre y Antonio Alatorre, México, FCE, 1955.

DIODORO DE SICILIA, *Biblioteca histórica*, libros 1-3, ed. y trad. de Francisco Parreu Alasá, BCG, 294, Madrid, Gredos, 2001.

El sacrosanto y ecuménico concilio de Trento, ed. de Ignacio López de Ayala, Madrid, 1787.

Enciclopedia universal ilustrada europeo-americana, vols. 41 y 64, Madrid, Espasa-Calpe, 1991.

ENNIO, *Fragmentos*, ed. y trad. de Juan Martos, BCG, 352, Madrid, Gredos, 2006.

ERASMUS, Desiderius, *Opus epistolarum Des. Erasmi Roterdami*, vol. 9, ed. de H. M. Allen y H. W. Garrod, Oxford, Clarendon, 1906.

Escritores de la historia augusta, 3 vols., trad. de Francisco Navarro y Calvo, Madrid, 1889-1890.

EURÍPIDES, *Tragedias*, vol. 3, ed. y trad. de Carlos García Gual y Luis Alberto de Cuenca y Prado, BCG, 22, Madrid, Gredos, 1985.

FLORO, *Epítome de la historia de Tito Livio*, ed. y trad. de Gregorio Hinojo Andrés e Isabel Moreno Ferrero, BCG, 278, Madrid, Gredos, 2000.

GARCÍA, Gregorio, *El origen de los Indios de el Nuevo Mundo e Indias occidentales*, Valencia, 1607.

GASSENDI, Pierre, *De motu impresso a motore translato*, París, 1642.

GÓNGORA Y ARGOTE, Luis de, *Romances*, ed. de Antonio Carreño, Letras Hispánicas, 160, Madrid, Cátedra, 1988.

GRACIÁN, Baltasar, *Agudeza y arte de ingenio*, ed. de Evaristo Correa Calderón, Clásicos Castalia, 15, Madrid, Castalia, 1969.

HERÓDOTO, *Historia*, ed. y trad. de Carlos Schrader, BCG, 3, Madrid, Gredos, 1977.

HOFMANN, Johann, *Lexicon universale*, Leiden, 1698.

HORACIO, *Odas y Epodos*, ed. y trad. de Manuel Fernández-Galiano y Vicente Cristóbal, Letras Universales, 140, Madrid, Cátedra, 1990.

— *Sátiras*, ed. y trad. de Jerónides Lozano Rodríguez, Madrid, Alianza, 2001.

ISIDORO DE SEVILLA, San, *Etimologías*, 2 vols., ed. de José Oroz Reta y Manuel A. Marcos Casquero, BAC, 433 y 434, Madrid, BAC, 1993.

JÁMBLICO, *Sobre los misterios egipcios*, ed. y trad. de Enrique Ángel Ramos Jurado, BCG, 242, Madrid, Gredos, 1997.

JERÓNIMO, San, *Cartas*, 2 vols., ed. bilingüe de Daniel Ruiz Bueno, BAC, 219, Madrid, BAC, 1962.

JUVENAL, *Sátiras,* ed. y trad. de Manuel Balasch, BCG, 156, Madrid, Gredos, 1991.

LACTANCIO, *Instituciones divinas,* ed. y trad. de E. Sánchez Salor, BCG, 136, Madrid, Gredos, 1990.

LAMPRIDIO, Elio, *Alejandro Severo,* en *Escritores de la historia augusta,* trad. de Francisco Navarro y Calvo, 3 vols., Madrid, 1889-1890.

LIGORIO, Pirro, *Delle antichità romane,* Venecia, 1553.

Líricos griegos. Elegíacos y yambógrafos arcaicos, Siglos VII-V a.C., 2 vols., ed. y trad. de Francisco R. Adrados, Madrid, CSIC, 1990.

LIVIO, Tito, *Historia de Roma desde su fundación,* ed. y trad. de José Antonio Villar Vidal, BCG, 145, Madrid, Gredos, 1990.

LÓPEZ, Diego, *Declaración magistral sobre las emblemas de Andrés Alciato: historias, antigüedades, moralidades, y doctrina, tocante a las buenas costumbres,* Nájera, 1615.

LÓPEZ DE HARO, Alonso, *Nobiliario genealógico de los reyes y títulos de España,* vol. 1, Ollobarren, Wilsen Editorial, 1996.

LÓPEZ POZA, Sagrario, «La erudición de Sor Juana Inés de la Cruz en su *Neptuno alegórico*», *La Perinola,* 7 (2003), 241-270.

LUCANO, *Farsalia,* ed. y trad. de Antonio Holgado Redondo, BCG, 71, Madrid, Gredos, 1984.

LUCIANO, *Hermótimo o sobre las sectas,* en *Obras,* vol. 4, ed. y trad. de José Luis Navarro López, BCG, 172, Madrid, Gredos, 1992.

MALCOLM, Noel, «The Name and Nature of Leviathan: Political Symbolism and Biblical Exegesis», *Intellectual History Review,* 17, 1 (2007), 29-58.

MAQUIAVELO, Nicolás, *El príncipe (Comentado por Napoleón Bonaparte),* Austral 69, Madrid, Espasa-Calpe, 1978.

MARCIAL, Marco Valerio, *Epigramas,* vol. 1, ed. y trad. de Juan Fernández Valverde y Antonio Ramírez de Verger, BCG, 236, Madrid, Gredos, 1997.

MATTHIAE, Christian, *Theatrum historicum theoretico-practicum,* Amsterdam, 1668.

OVIDIO, *Amores. Arte de amar. Sobre la cosmética del rostro femenino. Remedios contra el amor,* ed. y trad. de Vicente Cristóbal López, BCG, 120, Madrid, Gredos, 1989.

— *Cartas de las heroínas. Ibis,* ed. y trad. de Ana Pérez Vega, BCG, 194, Madrid, Gredos, 1994.

— *Fastos,* ed. y trad. de Bartolomé Segura Ramos, BCG, 121, Madrid, Gredos, 1988.

— *Metamorfosis,* en *Obras completas,* ed. de Antonio Ramírez de Verger, trad. de Ana Pérez Vega, Madrid, Espasa-Calpe, 2005.

— *Tristes. Pónticas,* ed. y trad. de José González Vázquez, BCG, 165, Madrid, Gredos, 1992.

Pausanias, *Descripción de Grecia*, vol. 1, ed. y trad. de María Cruz Herrero Ingelmo, BCG, 196, Madrid, Gredos, 1994.

Paz, Octavio, *Sor Juana Inés de la Cruz o Las trampas de la fe*, 6.ª ed., Barcelona, Seix Barral, 1998.

Pérez de Moya, Juan, *Philosophía secreta*, ed. de Carlos Clavería, Letras Hispánicas, 404, Madrid, Cátedra, 1995.

Pexenfelder, Michael, *Apparatus eruditionis*, Núremberg, 1670.

Pfeiffer, Rudolf, *Historia de la filología clásica*, vol. 2, *De 1300 a 1850*, trad. de Justo Vicuña y M.ª Rosa La Fuente, BCG, 17, Madrid, Gredos, 1981.

Platón, *Critias*, en *Diálogos*, vol. 6, ed. y trad. de M.ª Ángeles Durán y Francisco Lisi, BCG, 160, Madrid, Gredos, 1992.

— *Fedón*, en *Diálogos*, vol. 3, ed. y trad. de C. García Gual, M. Martínez Hernández y E. Lledó Íñigo, BCG, 93, Madrid, Gredos, 1986.

— *Leyes* (Libros 1-4), en *Diálogos*, vol. 8, ed. y trad. de Francisco Lisi, BCG, 265, Madrid, Gredos, 1999.

Plinio el Joven, *Cartas*, ed. y trad. de Julián González Fernández, BCG, 344, Madrid, Gredos, 2005.

— *Panegírico de Trajano*, trad. de Álvaro D'Ors, Madrid, Instituto de Estudios Políticos, 1955.

Plinio el Viejo, *Historia natural*, ed. y trad. de E. del Barrio Sanz *et al.*, BCG, 308, Madrid, Gredos, 2003.

Plutarco, *Obras morales y de costumbres*, vol. 1, ed. y trad. de Concepción Morales Otal y José García López, BCG, 78, Madrid, Gredos, 1985.

— *Obras morales y de costumbres*, vol. 3, ed. de Mercedes López Salvá y María Antonia Medel, trad. de Mercedes López Salvá, BCG, 103, Madrid, Gredos, 1987.

— *Obras morales y de costumbres*, vol. 6, ed. y trad. de Francisca Pordomingo Pardo y J. A. Fernández Delgado, BCG, 213, Madrid, Gredos, 1995.

— *Vidas paralelas*, vol. 1, ed. y trad. de Aurelio Pérez Jiménez, BCG, 77, Madrid, Gredos, 1985.

Poetas líricos de los siglos XVI y XVII, vol. 1, ed. de Alfonso de Castro, BAE, 32, Madrid, 1872.

Polidoro Vergilio, *Los ocho libros de Polidoro Vergilio, de los inventores de las cosas*, trad. de Vicente de Millis Godínez, Medina del Campo, 1599.

Proverbia sententiaeque Latinitatis medii ac recentioris aevi, ed. de Hans Walther y Paul Gerhard Schmidt, Göttingen, Vandenhoeck Ruprecht, 1986.

Publilio Siro, *Sentencias*, ed. y trad. de Víctor J. Herrero Llorente, Madrid, CSIC, 1963.

Ravisius Textor, Johannes, *Officinae epitome*, 2 vols., Lyon, 1560.

Sagrada Biblia, trad. de Félix Torres Amat, Charlotte, Stampley Enterprises, 1993.

Séneca, *Epístolas morales a Lucilio*, vol. 1, ed. y trad. de Ismael Roca Meliá, BCG, 92, Madrid, Gredos, 1986.

— *Tragedias*, 2 vols., ed. y trad. de Jesús Luque Moreno, BCG, 26 y 27, Madrid, Gredos, 1979-1980.

Séneca el Viejo, *Controversias Libros VI-X. Suasorias*, ed. y trad. de Ignacio Javier Adiego Lajara *et al.*, BCG, 340, Madrid, Gredos, 2005.

Sereno Samónico, Quinto, *De medicina praecepta saluberrima*, Amsterdam, 1662.

Serlio, Sebastiano, *Tercero y quarto libro de architectura de Sebastian Serlio Boloñes*, trad. de Francisco de Villalpando, Toledo, 1552.

Servio, *Servii Grammatici qui feruntur in Vergilii carmina commentarii*, 3 vols., ed. de Georg Thilo y Hermann Hagen, Hildesheim, Georg Olms, 1961.

Sigüenza y Góngora, Carlos de, *Teatro de virtudes políticas que constituyen a un príncipe*, México, 1680.

Silio Itálico, *La guerra púnica*, ed. y trad. de Joaquín Villalba Álvarez, Madrid, Akal, 2005.

Sófocles, *Tragedias*, ed. y trad. de José S. Lasso de la Vega, BCG, 40, Madrid, Gredos, 1981.

Suárez, Francisco, *Disputaciones metafísicas*, vol. 4, ed. y trad. de Sergio Rábade Romeo, Salvador Caballero Sánchez y Antonio Puigcerver Zanón, BHF, 24, Madrid, Gredos, 1960-1966.

Tácito, *Anales*, vol. 1, ed. y trad. de José L. Moralejo, BCG, 19, Madrid, Gredos, 1979.

Taylor, Barry, «"Familiarity Breeds Contempt": History of a Spanish Proverb», *Bulletin of Spanish Studies*, 83, 1 (2006), 43-52.

Vaenius, Otto, *Q. Horatii Flacci Emblemata*, Amberes, 1612.

Valeriano Bolzani, Giovanni Pierio, *Hieroglyphica*, Basilea, 1575.

Virgilio, *Bucólicas. Geórgicas. Apéndice Virgiliano*, ed. y trad. de Tomás de la Ascensión Recio García y Arturo Soler Ruiz, BCG, 141, Madrid, Gredos, 1990.

— *Eneida*, ed. y trad. de Javier de Echave-Sustaeta, BCG, 166, Madrid, Gredos, 1992.

Vitoria, Baltasar de, *Teatro de los dioses de la gentilidad*, 2 vols., Madrid, 1676.

Weinrich, Melchior, *Aerarium poeticum*, 7.ª ed., Fráncfort, 1677.

Abreviaturas y siglas

BAC	Biblioteca de Autores Cristianos
BCG	Biblioteca Clásica Gredos
Cartari	Vincenzo Cartari, *Imagines Deorum*
Conti	Natale Conti, *Mitología*
DA	Diccionario de Autoridades
DRAE	Diccionario de la Real Academia Española
FCE	Fondo de Cultura Económica
IMC	Instituto Mexiquense de Cultura
MM	Diccionario de María Moliner
Sabat	SJ, *Inundación castálida,* ed. de Georgina Sabat de Rivers
Sáinz	SJ, *Obra selecta,* ed. de Luis Sáinz de Medrano
Salceda	SJ, *Obras completas,* vol. 4, ed. de Alberto G. Salceda
UCSJ	Universidad del Claustro de Sor Juana
Vitoria	Baltasar de Vitoria, *Teatro de los dioses de la gentilidad*

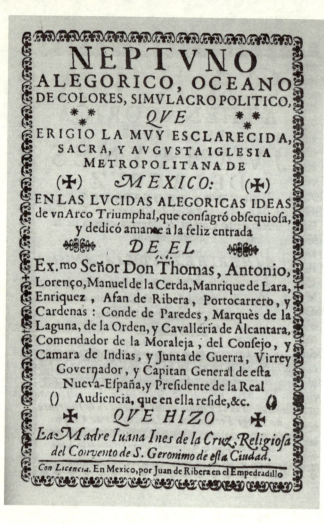

NEPTVNO

ALEGORICO, OCEANO
DE COLORES, SIMVLACRO POLITICO,

* * QVE * *

ERIGIO LA MVY ESCLARECIDA,
SACRA, Y AVGVSTA IGLESIA
METROPOLITANA DE

(✠) *MEXICO:* (✠)

EN LAS LVCIDAS ALEGORICAS IDEAS
de vn Arco Triumphal, que consagró obsequiosa,
y dedicó amante à la feliz entrada

DE EL

Ex.mo Señor Don Thomas, Antonio,
Lorenço, Manuel de la Cerda, Manrique de Lara,
Enriquez, Afan de Ribera, Portocarrero, y
Cardenas : Conde de Paredes, Marquès de la
Laguna, de la Orden, y Cavallería de Alcantara,
Comendador de la Moraleja ; del Consejo, y
Camara de Indias, y Junta de Guerra, Virrey
Governador, y Capitan General de esta
Nueva-España, y Presidente de la Real
() Audiencia, que en ella reside, &c. ()

✠ *QVE HIZO* ✠

*La Madre Iuana Ines de la Cruz, Religiosa
del Convento de S. Geronimo de esta Ciudad.*

Con Licencia. En Mexico, por Juan de Ribera en el Empedradillo

Portada de la primera edición de *Neptuno alegórico* (México, 1680).

Neptuno alegórico,

océano de colores, simulacro político[1] que erigió la muy esclarecida, sacra y augusta Iglesia Metropolitana[2] de México, en las lucidas alegóricas ideas[3] de un arco triunfal que consagró obsequiosa y dedicó amante a la feliz entrada del excelentísimo señor don Tomás, Antonio, Lorenzo, Manuel de la Cerda, Manrique de Lara, Enríquez, Afán de Ribera, Portocarrero y Cárdenas; conde de Paredes, marqués de la Laguna, de la orden y caballería de Alcántara, comendador de la Moraleja, del Consejo y Cámara de Indias y Junta de Guerra, virrey, gobernador y capitán general de la Nueva España, y presidente de la Real Audiencia, que en ella reside, etc.

Que hizo la madre Juana Inés de la Cruz, religiosa del convento de San Jerónimo de esta ciudad.

---

[1] *Neptuno alegórico...*: Sor Juana resalta el equívoco del *Neptuno* al ponerle desde el principio un título tripartito, cada parte con su elemento de ambigüedad; tampoco debemos pasar por alto la ironía de un texto alegórico que fue escrito para explicar la alegoría del arco triunfal. Sobre el uso de la alegoría escribe Gracián en el Discurso LV de su *Agudeza y arte de ingenio* de 1648: «El ordinario modo de disfrazar la verdad para mejor insinuarla sin contraste, es el de las parábolas y alegorías»; Baltasar Gracián, *Agudeza y arte de ingenio*, ed. de Evaristo Correa Calderón, Clásicos Castalia, 15 (Madrid, Castalia, 1969), 195. Los *colores* (figuras y tropos) retóricos del texto de Sor Juana —*océano de colores*— han de considerarse bajo la luz de la siguiente definición de *color*: «pretexto, motivo, y razón aparente para emprender, y ejecutar alguna cosa, encubierta y disimuladamente» (DA). El último componente del título, *simulacro político*, incorpora el siguiente sentido de la voz *simulacro*: «Imagen hecha a semejanza de alguna cosa venerable, o venerada» (DA), definición ya señalada por Pérez de Moya en su *Philosophia secreta* de 1585:

«La segunda manera de introducir dioses o ídolos fue cuanto aquellos, que por su voluntad a los hombres llamaron dioses, no habiendo causa de llamarlos así, porque ellos los habían hecho como a las imágenes o retratos, que los hombres, de barro o madera o de otras materias hicieron por memoria, y esto llama el latino *simulacro*»; Juan Pérez de Moya, *Philosophia secreta*, ed. de Carlos Clavería, Letras Hispánicas, 404 (Madrid, Cátedra, 1995), 79. Por su parte San Isidoro de Sevilla ofrece esta definición: «*Simulacro*» deriva su nombre de «similitud», porque la mano del artista trata de reproducir en la piedra o en otra materia el rostro de aquellos en cuyo honor se labran. En definitiva se llaman «simulacros», o porque son «similares», o porque son «simulados» e imaginados; de ahí también el que sean falsos»; San Isidoro de Sevilla, *Etimologías* (8, 11, 6), vol. 1, ed. de José Oroz Reta y Manuel A. Marcos Casquero, BAC, 433 (Madrid, BAC, 1993), 721.

[2] *Iglesia Metropolitana:* «la que es sede de un arzobispo» (MM). Este término no es sinónimo de «catedral»; ésta se deriva del griego *kathedra* («asiento» o «sede»), y aquélla del griego *metropolis* («ciudad madre»). La figura de la madre es clave en el presente texto de Sor Juana, como lo es también la voz protofeminista de la escritora a lo largo de su obra. En su gran poema meditativo *Psalle et Sile*, Pedro Calderón de la Barca escribe un soneto a la Catedral de Toledo, cuyo primer verso reza así: «Salve, primer Metrópoli de España»; Pedro Calderón de la Barca, *Psalle et Sile*, ed. de Leopoldo Trenor y Joaquín de Entrambasaguas (Valencia, Miguel Juan, 1936), 23.

[3] *idea:* aparte del sentido filosófico —tanto escolástico como platónico— de la palabra *idea* que incorpora Sor Juana a su texto, también se percibe el sentido arquitectónico —«la planta y disposición que se forma en la fantasía para la construcción de algún edificio, casa, Iglesia, estatua, o pintura» (DA)— cuya relevancia para el proyecto del arco es evidente, y también el sentido retórico de la palabra: «la planta e hilo del discurso» (DA). Sor Juana juega con los varios matices de esta palabra al desarrollar las sutilezas de su texto.

Excelentísimo señor:

Costumbre fue de la Antigüedad, y muy especialmente de los egipcios, adorar sus deidades debajo de diferentes jeroglíficos y formas varias; y así a Dios solían representar en un círculo, como lo escribe Pierio Valeriano: «*Aegyptii Deum ex hieroglyphico circuli intelligebant*»[4]; por ser símbolo de lo infinito.

Otras veces en el que llamaban *Eneph,* por quien entendían al criador del universo, como refiere el que añadió jeroglíficos a las obras del dicho autor: «*Per Eneph, quem pro Deo colebant, Aegyptii, ipsum totius mundi, atque universitatis creatorem, opificemque pulcherrimo hieroglyphico ostendebant*»[5]. No porque

---

[4] *Aegyptii Deum...:* «Los egipcios entendían [el concepto de] Dios mediante el jeroglífico de un círculo»; Giovanni Pierio Valeriano Bolzani, *Hieroglyphica* (Basilea, 1575), 286v. El gran erudito Pierio Valeriano (1477-1558) publica en 1556 esta obra maestra de la literatura emblemática del Renacimiento; a partir de la edición de 1575 se incluyen grabados de alta calidad. Salceda recuerda que Sor Juana, «refiriéndose a la rueda en que por tormento fue puesta Santa Catarina», incluye los siguientes versos en un villancico (núm. 315, vv. 45-48) escrito para las fiestas de la santa: «Fue en su *círculo* puesta Catarina, / pero no murió en ella: porque siendo / *de Dios el jeroglífico infinito*, / en vez de topar muerte, halló el aliento». Vale recordar que en el español del siglo XVII, como señala Ernst Robert Curtius, «el emblema se llama también *jeroglífico*»; Ernst Robert Curtius, *Literatura europea y Edad Media latina,* trad. de Margit Frenk Alatorre y Antonio Alatorre (México, FCE, 1955), 487-488.

[5] *Per Eneph...:* «Por Enef, a quien honraban como a dios los egipcios, con hermosísimo jeroglífico mostraban como al mismo creador de todo el mundo y forjador de todas las cosas»; Valeriano, 425v. El filósofo neoplatónico Jámblico, cuyas ideas hicieron presa en el Renacimiento, menciona este dios egipcio: «Hermes pone delante como dios a Emef, señor de los dioses celestes, del

juzgasen que la deidad siendo infinita pudiera estrecharse a la figura y término de cantidad limitada, sino porque, como eran cosas que carecían de toda forma visible y por consiguiente imposibles de mostrarse a los ojos de los hombres (los cuales por la mayor parte sólo tienen por empleo de la voluntad el que es objeto de los ojos) fue necesario buscarles jeroglíficos que por similitud, ya que no por perfecta imagen, las representasen. Y esto hicieron no sólo con las deidades, pero con todas las cosas invisibles, cuales eran los días, meses y semanas, etc. Y también con las de quienes era la copia difícil o no muy agradable, como la de los elementos, entendiendo por Vulcano, el fuego; por Juno, el aire; por Neptuno, el agua; y por Vesta, la tierra; y así de todo lo demás. Hiciéronlo no sólo por atraer a los hombres al culto divino con más agradables atractivos, sino también por reverencia de las deidades, por no vulgarizar sus misterios a la gente común e ignorante. Decoro de mejores luces que aprobó el real profeta[6]: «*Aperiam in parabolis os meum, in enigmate antiqua loquar*»[7].

Y de nuestro Redentor dice el sagrado cronista san Mateo en el capítulo 13: «*Haec omnia lo[c]utus est IESVS in parabolis ad turbas, et sine parabolis non loquebatur eis*»[8]. Sin otros innumerables ejemplos de que están llenas las divinas y humanas letras. Y por la misma razón de reverencia y respecto, vemos

---

que afirma que es intelecto que se piensa a sí mismo y cuyos pensamientos hacen conversión hacia él»; Jámblico, *Sobre los misterios egipcios* (8, 3), ed. y trad. de Enrique Ángel Ramos Jurado, BCG, 242 (Madrid, Gredos, 1997), 205. He manejado la traducción latina de este texto hecha por Marsilio Ficino, quien transcribe el nombre de este dios como «Emeph»; véase Jámblico, *Sobre los misterios egipcios*, ed. y trad. de Enrique Ángel Ramos Jurado, BCG, 242 (Madrid, Gredos, 1997).

[6] *el real profeta:* el Rey David.

[7] *Aperiam in parabolis...:* «La [boca] abriré profiriendo parábolas: diré cosas recónditas desde el principio del mundo»; *Salmos,* 77, 2 [78, 2]. Todas las traducciones de las citas bíblicas proceden de la *Sagrada Biblia,* trad. de Félix Torres Amat (Charlotte, Stampley Enterprises, 1993). Esta traducción de la Vulgata fue publicada originariamente en el siglo XIX.

[8] *Haec omnia...:* «Todas estas cosas dijo Jesús al pueblo por parábolas, sin las cuales no solía predicarles», *San Mateo,* 13, 34.

Cælii Aug. Eneph.

DE ENEPH, AEGYPTIORVM DEO. D
CREATOR, ET CREATIO MVNDI.

PER Eneph, quem pro Deo co-
lebant Ægyptij, ipsum totius
mundi atꝗ vniuersitatis creato-
rem opificemꝗ pulcherrimo hie
roglyphico ostendebant: cui ho
minis formam tribuebant, eumꝗ cœrulea ve
ste indutum, zonamꝗ tenentem & sceptrum
pingebant, ac eius in capite pennam ponebāt:
vt testatur Eusebius in libris de præparatione
Euangelica. Penna enim in capite, significat
difficilem inuentu esse creatorem, & nemini
conspicuū, sed sublimem, non modò supra sen
suum, verùm etiā supra humanæ intelligentiæ captú: humana verò forma, eun-
dem vitæ autorem, & motu qui intellectu cōprehendi possit, circumlatum indi B
cabat. quonia vt hominis corpus quidem cernitur, mens verò ipsa quæ hominē
à cæteris animantibus disiungit, elsꝗ eius naturæ propria, cerni à nullo potest:
sic etiā Dei ac summi opificis actiones & motus, quæ ipse in sacris literis poste
riora vocat, non secus atꝗ Aristoteles effectus posteriora, caussas verò priora
nominat, ab humano intellectu cerni possunt: mens verò ipsa et Diuina natura,
quæ illa moderat & gubernat, in huius corporis carcere absolutè cognosci non
potest, & ideo cœrulea veste indutū eum pingebant, vt cœlestem illū esse signi-
ficarent, & in cœlo habitare, nullius coloris vel accidentis, mixtionisꝼue partici-
pem, etiam si nobis ea fortasse suscipere videatur: & modò irasci, modò placari:
quemadmodum cœlum ipsum, cum nullius coloris sit, propter interualli longi
tudinem cœruleum videtur. & sic simul quoꝗ eius naturam tantum à nostra di-
stare indicabant, quātum cœlum à terra distat. Sceptrum verò potestatem eius
regiam in vniuersam naturam significat, & zona vinculum, quo creata omnia
colligat, & in quo vitæ necisꝗ fata continet: hoc est ortus atꝗ interitus, & re-
rum naturalium caussas. Est autem zona circulus ille, quē Astronomi Zodia
cum vocant. Præterea hunc Deum quum ex ore producentem faciebant, quod F
mundum significabat Dei verbo creatum, vt etiam Sacræ literæ testantur.

DE PANE ARCADIAE DEO, VEL
SATYRIS ET FAVNIS.

VNIVERSVM, VEL MVNDVS.
PAna, quem & Innuum & Faunum
vocauère, sic pingebāt veteres: Ca
prina facie, rubro colore, hirtis cor
nibus varia pantheræ pelle indu-
tum, infima sui parte hispida, & Caprino pe
de, altera manu fistulam septem calamorum
tenentē, altera pedum siue baculum incuruū.
hacꝗ figura vniuersi symbolum cōtineri vole
bant. Facies enim rubens ætherē significat, bi
na cornua Solem et Lunā, pantherꝗ pellis cœ
lestium

«Enef», en Valeriano, 425v.

que aquéllas no se permiten en vulgar[9], porque el mucho trato no menoscabe la veneración: «*Nimia familiaritas contemptum parit*», dijo Cicerón[10]. Y siendo las ilustres proezas y hazañas que en vuestra excelencia admira el mundo, tan grandes que no es capaz el entendimiento de comprehenderlas ni la pluma de expresarlas, no habrá sido fuera de razón el buscar ideas y jeroglíficos que simbólicamente representen algunas de las innumerables prerrogativas que resplandecen en vuestra excelencia así por la clara real estirpe que le ennoblece, como por los más ínclitos[11] blasones[12] personales que le adornan, pues aunque la nobleza heredada sea tan apacible que de ella dice el sabio: «*Gloria hominis ex honore Patris sui*»[13]. Y en otra parte: «*Gloria Filiorum Patres eorum*»[14]; con todo en

---

[9] *no se permiten en vulgar:* la posición católica de prohibir la lectura de las divinas letras *(aquéllas)* en lengua vernácula *(vulgar)* se manifiesta como respuesta a la doctrina de Martín Lutero, quien elimina el papel de la Iglesia en la enseñanza e interpretación de la Biblia: «Sólo creemos en la Sagrada Escritura como única y ciertísima regla de fe, de la que absolutamente deben deducirse todos los dogmas»; *Catecismo romano,* ed. bilingüe de Pedro Martín Hernández (Madrid, BAC, 1956), 20. El Concilio de Trento respondió contundentemente en contra de este tipo de aproximaciones, decretando que, «con el fin de contener los ingenios insolentes *[petulantia ingenia],* que ninguno fiado en su propia sabiduría, se atreva a interpretar la misma sagrada Escritura en cosas pertenecientes a la fe», pues tan sólo a la Iglesia «toca determinar el verdadero sentido, e interpretación de las sagradas letras»; *El sacrosanto y ecuménico concilio de Trento,* ed. de Ignacio López de Ayala (Madrid, 1787), 37.

[10] *Nimia familiaritas...:* «La excesiva familiaridad produce menosprecio». El conocidísimo refrán parece tener su fuente en una de las fábulas de Esopo, aunque se ha atribuido ora a Publilio Siro ora a Catón. Sor Juana sigue a Caro y Cejudo, quien atribuye la cita a Cicerón: «La mucha conversación es causa de menosprecio. *Nimia familiaritas contemptum parit. Cicero in Laelium*»; Jerónimo Martín Caro y Cejudo, *Refranes y modos de hablar castellanos con los latinos que les corresponden* (Madrid, 1675), 168. El refrán no figura en el *Laelius de amicitia (Sobre la amistad)* de Cicerón. Véase también Barry Taylor, «"Familiarity Breeds Contempt": History of a Spanish Proverb», *Bulletin of Spanish Studies,* 83, 1 (2006), 48.

[11] *ínclito:* «ilustre, claro, famoso» (DRAE, 1780).

[12] *blasón:* esta voz incorpora los sentidos de escudo de armas, divisa o emblema, y también gloria u honor (DA).

[13] *Gloria hominis...:* «Puesto que de la buena reputación del padre resulta gloria al hombre»; *Eclesiástico,* 3, 13.

[14] *Gloria Filiorum...:* «Corona son de los viejos los hijos de los hijos»; *Proverbios,* 17, 6. Compárese: «Es cosa muy llana que la nobleza se hereda con la

ELEX^{MOS}.S^{OR}. D^N THOMAS ANTONIO LORENZO MANVEL MANRIQVE D LA
zerda enrriques hijo del Duque el Portocarero Cardon Con del Sure Marg. de la lagu Comenda
de la Moraleja en la horden de al Cantara de conse^o Cam^{ra} y Junta de Gerra de Indias Virrei
Y Capp^{an} Genl. de esta nueua españa y Presidente de esta Real audiensia
el año de 1680

Excmo. Sr. Don Antonio de la Cerda y Aragón, en *Iconografía de gobernantes
de la Nueva España* (México, E. Gómez de la Puente, 1921).

sentencia de Séneca es mérito ajeno: «*Qui genus iactat suum, aliena laudat*»[15]. Y con su acostumbrada suavidad Ovidio:

> *Non census nec clarum nomen avorum:*
> *Sed probitas magnos, ingeniumque facit*[16].

Y con no menor majestad Plutarco «*in Agathocl. Regem nasci nihil magni est, at regno dignum se praestitiste maximum est*»[17]. Y sobre todos el luminar mayor de la Iglesia, el máximo doctor y gran padre mío san Jerónimo dice definiendo la verdadera nobleza: «*Nobilitas est clarum esse virtutibus: unde ille, apud Deum maior est, qui iustior; non contra*»[18].

---

sangre, como lo dijo el Sabio, en el capítulo 3 del libro de la *Sabiduría: Gloria hominis ex honore patris sui.* Y el mismo en el capítulo 18 de los *Proverbios* dice: *Gloria filiorum parentes eorum»;* Baltasar de Vitoria, *Primera y segunda parte del teatro de los dioses de la gentilidad,* vol. II (Madrid, 1676), 417 («Venus»).

[15] *Qui genus...:* «El que se jacta de su linaje, se alaba lo que es de otros»; Séneca, *Hércules loco* (1, 340), en *Tragedias,* vol. 1, ed. y trad. de Jesús Luque Moreno, BCG, 26 (Madrid, Gredos, 1979), 136. El jesuita alemán Adam Contzen también cita esta frase de Séneca en su obra maestra *Politicorum* (8, 20), 2.ª ed. (Colonia, 1629), 686; en el margen se lee «*Nobilitas virtutis est*».

[16] *Non census...:* «No es la riqueza ni el nombre ilustre de sus antepasados, sino la honradez y el carácter, lo que hace a los hombres grandes» *(Pónticas,* 1, 9, 39-40), en Ovidio, *Tristes. Pónticas,* ed. y trad. de José González Vázquez, BCG, 165 (Madrid, Gredos, 1992), 402. Vitoria cita estos versos, y los traduce así: «No las riquezas, ni el ilustre nombre, / Heredado de padres, hace grandes / Los hijos, la virtud les da renombre»; Vitoria, II, 418 («Venus»). Sor Juana sigue a Vitoria, quien erróneamente añade la palabra «*magnus*» al primer verso de Ovidio *(«non census magnus, nec...»).*

[17] *Regem nasci...:* «Nacer rey no es nada grande; ser digno del reino, eso es lo más grande». Sor Juana sigue a Caro y Cejudo, quien escribe: «No es señor el que señor nace, sino el que lo sabe ser. *Regem nasci nihil magni est; at Regno dignum se praestitisse maximum est.* Agathocles»; Caro y Cejudo, *op. cit.,* 270. Caro y Cejudo no dice que la cita venga de Plutarco, sino que la frase la dice Agatocles; Plutarco no ha escrito ninguna *Vida de Agatocles.* La ironía de que Sor Juana seleccionara una cita de Agatocles en este contexto la subraya Maquiavelo, quien cita a este tirano en el capítulo 8 de *El príncipe* («De los que llegaron al principado por medio de maldades»), concluyendo que «su feroz crueldad y despiadada inhumanidad, sus innumerables maldades, no permiten alabarle, como si él mereciera ocupar un lugar entre los hombres insignes más eminentes»; Nicolás Maquiavelo, *El príncipe (Comentado por Napoleón Bonaparte),* Austral, 69 (Madrid, Espasa-Calpe, 1978), 47.

[18] *Nobilitas est...:* «La nobleza es ser insigne en virtudes; de ahí, es más grande para Dios el que es más justo; no lo contrario»; San Jerónimo, *Epístola a Celancia* (148, 21). Vitoria incluye esta consideración que «S. Hiero-

Pero en vuestra excelencia se han dado las manos tan amigablemente los timbres[19] heredados y los esplendores adquiridos, que forman una sola íntegra y perfectísima nobleza, desempeñándose recíprocamente los unos a los otros; pues ni su real sangre pudiera producir menos virtud, ni sus claras virtudes podían tener menor origen, constituyendo a vuestra excelencia en tan sumo grado que no es capaz de admitir más, porque se verifique aquello de Séneca: «*Quidquid ad summum pervenit, incremento non reliquit locum*»[20]. Pero donde no queda[21] para la grandeza, piensa hallarlo el perdón que esta metrópoli pide obsequiosa a vuestra excelencia como al cielo su vida que dure a par[22] de sus blasones.

Iglesia metropolitana de México.

---

nimo advirtió en la carta que escribió a Celancia», con las modificaciones del texto latino que Sor Juana reproduce aquí, seguida por estas palabras suyas: «Dice en buen romance el Santo Doctor, que para con Dios, no es noble el que es muy linajudo, sino aquel que es más esmerado, y aventajado en la virtud»; Vitoria, II, 418 («Venus»). La traducción del latín original, probablemente escrita por Pelagio y no por San Jerónimo, reza así: «La libertad que existe ante Dios es no ser esclavo del pecado; la suma nobleza ante Él, ser uno ilustre por sus virtudes»; San Jerónimo, *Cartas*, vol. 2, ed. bilingüe de Daniel Ruiz Bueno (Madrid, BAC, 1962), 839.

[19] *timbre*: «La insignia que se coloca encima del escudo de armas, para distinguir los grados de nobleza». Esta insignia suele ser un yelmo o una corona (véase imagen). El sentido figurado de la palabra también viene a colación: «Cualquier acción gloriosa que ensalza y ennoblece» (DRAE, 1780).

[20] *Quidquid ad summum...*: «Todo cuanto llega a lo más alto se queda sin espacio para seguir creciendo»; Séneca el Viejo, *Suasorias* (1, 3), en *Controversias Libros VI-X. Suasorias*, ed. y trad. de Ignacio Javier Adiego Lajara *et al.*, BCG, 340 (Madrid, Gredos, 2005), 273.

[21] *no queda*: «no queda lugar» (Salceda).

[22] *a par*: «cerca o inmediatamente a alguna cosa, o junto a ella»; «con semejanza o igualdad» (DA).

Razón[23] de la fábrica
alegórica y aplicación de la fábula

Ha sido el lucimiento de los arcos triunfales erigidos en obsequio de los señores virreyes que han entrado a gobernar este nobilísimo reino, desvelo de las más bien cortadas plumas de sus lucidos ingenios[24] porque, según Plutarco, «*Praeclara gesta praeclaris indigent orationibus*»[25]. Según lo cual la mía estaba bastantemente excusada de tan alto asunto y tan desigual a mi insuficiencia, cuando el mismo Cicerón, padre de las elocuencias, temía tanto la censura de los lectores que juzgaba todos los extremos en ellos peligrosos, buscando la mediocridad: «*Quod scribimus nec docti, nec indocti legant: alteri enim nihil intelligunt: alteri plus forsan, quam de nobis nos ipsi*»[26]. Causas que

---

[23] *razón:* «el argumento o prueba de una proposición, o el motivo de ejecutar alguna acción» (DA).

[24] *ingenio:* «Facultad o potencia en el hombre, con que sutilmente discurre o inventa trazas, modos, máquinas y artificios, o razones y argumentos, o percibe y aprehende fácilmente las ciencias»; «Se toma muchas veces por el sujeto mismo ingenioso» (DA).

[25] *Praeclara gesta...:* «Las hazañas ilustres exigen discursos ilustres». Plutarco en sus *Máximas de espartanos* habla de un concepto similar: «Para que nuestras hazañas encuentren nobles palabras»; Plutarco, *Obras morales y de costumbres*, vol. 3, ed. de Mercedes López Salvá y María Antonia Medel, trad. de Mercedes López Salvá, BCG, 103 (Madrid, Gredos, 1987), 180.

[26] *Quod scribimus...:* «Ni doctos, ni indoctos lean lo que escribimos: éstos nuestro». Parece que Sor Juana está parafraseando las *Cuestiones académicas* (1, 2, 4): «por esta causa no he querido escribir libros, que ni los indoctos podrían entender, ni los doctos se cuidarían de leer»; Cicerón, *Cuestiones*

me hubieran motivado a excusarme de tanto empeño a no haber intervenido insinuación que mi rendimiento venera con fuerza de mandato, o mandato que vino con halagos de insinuación. Gustando el venerable Cabildo[27] de obrar a imitación de Dios con instrumentos flacos porque, como juzgaba su magnificencia, corta la demostración de su amor para obsequio de tanto príncipe, le pareció que era para pedir y conseguir perdones más apta la blandura inculta de una mujer que la elocuencia de tantas y tan doctas plumas; industria que usó el capitán Joab en el perdón de Absalón con la ofendida majestad de David conseguido por medio de la Tecuites, no porque juzgase más eficaces los mentidos sollozos de una mujer no conocida, ignorante y pobre, que su autoridad, elocuencia y valimiento, sino porque el rayo de la ira real incitada a los recuerdos del delito no hiciera operación en el sujeto flaco, pues éste[28] siempre busca resistencias para ejecutar sus estragos: «*Feriuntque summos fulgura mont[i]s*»[29]; y que la confianza fuese en la piedad a que movería el sujeto y no en la fuerza de los argumentos se conoce del mismo sagrado texto, que confesó ella misma no ser suyas aquellas palabras: «*Per salutem animae tuae, Domine mi Rex, nec ad sinistram, nec ad dexteram, ex omnibus his quae locutus est Dominus meus Rex: servus enim tuus Ioab, ipse praecepit mihi, et ipse posuit in os ancillae tuae omnia verba haec*»[30]. Por esta razón, pues, o por otra que no debe mi curiosidad inculcar[31], me vide[32] necesitada a ejecutar

---

académicas, ed. y trad. de Agustín Millares Carlo, Austral, 1485 (Madrid, Espasa-Calpe, 1972), 17.

[27] *Cabildo:* «El Ayuntamiento o Congregación de personas eclesiásticas o seglares, que constituyen y forman cuerpo de comunidad: como Iglesia Catedral o Colegial, Ciudad, Villa, etc.» (DA).

[28] *éste:* el rayo.

[29] *Feriuntque summos...:* «El rayo suele herir las altas cumbres / de las montañas»; Horacio (Oda 2, 10, 11-12), *Odas y Epodos,* ed. y trad. de Manuel Fernández-Galiano y Vicente Cristóbal, Letras Universales, 140 (Madrid, Cátedra, 1990), 197.

[30] *Per salutem...:* «Por vida tuya (que Dios conserve), oh mi rey y señor, que has dado directamente en el blanco; pues realmente tu siervo Joab es el mismo que me lo ha mandado, y el que ha puesto en boca de tu sierva todas las palabras que te ha dicho»; 2 *Samuel,* 14, 19 [2 *Reyes* 14, 19].

[31] *inculcar:* «con el sentido de examinar o investigar» (Salceda).

[32] *vide:* vi.

el mandato como el Eolo virgiliano, *Aeneyd. 1. Mihi iussa capes[s]ere fas est*[33]. Y ya dispuesta la voluntad a obedecer, quiso el discurso no salir del método tan aprobado de elegir idea en que delinear las proezas del héroe que se celebra, o ya porque entre las sombras de lo fingido campean más las luces de lo verdadero, pues (como dijo Quinto Curcio) *«Etiam ex mendacio intelligitur veritas»*[34], o ya porque sea decoro copiar del reflejo como en un cristal las perfecciones que son inaccesibles en el original: respecto que se hace guardar el sol, monarca de las luces, no permitiéndose a la vista, o ya porque en la comparación resaltan más las perfecciones que se copian: *«Omnia sine comparatione parum grate laudantur»*[35], dijo Plinio, o ya porque la naturaleza con las cosas muy grandes se ha[36] como un diestro artífice, que para sacar la obra a todas luces perfecta, forma primero diversos modelos y ejemplares[37] en que en-

---

[33]   *Mihi iussa...*: «A mí [me cumple] el alto deber de hacer lo que me mandas»; Virgilio, *Eneida* (1, 77), ed. de Javier de Echave-Sustaeta, BCG, 166 (Madrid, Gredos, 1992), 142. La frase completa de Eolo ante la petición de Juno reza así: «A ti, reina, te cumple revelar tus deseos, a mí el alto deber / de hacer lo que me mandas»; Virgilio, *loc. cit.*

[34]   *Etiam ex mendacio...*: «Incluso de la mentira se entiende la verdad». La traducción de la frase de Quinto Curcio, modificada ligeramente por Sor Juana, reza así: «lo puedo deducir incluso de sus propias mentiras»; Quinto Curcio Rufo, *Historia de Alejandro Magno* (9, 3, 12), ed. y trad. de Francisco Pejenaute Rubio, BCG, 96 (Madrid, Gredos, 1986), 506.

[35]   *Omnia sine comparatione...*: «Sin hacer comparaciones, todas las alabanzas son poco gratas». Sor Juana combina dos frases de Plinio y termina parafraseando. La traducción de la frase original reza así: «Todo esto, señores senadores, que digo o he dicho de los otros príncipes es para demostrar cómo nuestro padre reforma y endereza la moral de los príncipes, corrompida y depravada por un hábito continuado. Por lo demás, de nada bueno puede hacerse un elogio cumplido si no es por comparación»; Plinio el Joven, *Panegírico de Trajano* (53), trad. de Álvaro D'Ors (Madrid, Instituto de Estudios Políticos, 1955), 51.

[36]   *se ha: haberse*: «Portarse, proceder bien o mal» (DA).

[37]   *ejemplar*: «original, prototipo, primer modelo para otras cosas» (DA). «Y es preciso observar que suele distinguirse un doble ejemplar: uno externo, como es la imagen o escritura ofrecida ante los ojos, que se propone para su imitación, acerca del cual puede entenderse aquello del *Éxodo, 25*: *«Contempla y obra de acuerdo con el ejemplar que se te ha mostrado en el monte»;* otro es el ejemplar interno que se forma en el alma o en la mente»; Francisco Suárez, *Disputaciones metafísicas*, vol. 4, ed. y trad. de Sergio Rábade Romeo, Salvador Caballero Sánchez y Antonio Puigcerver Zanón, BHF, 24 (Madrid, Gredos, 1960-1966), 34-35.

mendar y pulir lo que no fuere tan perfecto, porque después la obra tenga todas las circunstancias de consumada. Y así ninguna cosa vemos muy insigne (aun en las sagradas letras) a quien no hayan precedido diversas figuras que como en dibujo las representen. Esta, pues, tan decorosa invención me obligó a discurrir entre los *héroes* que celebra la Antigüedad, las proezas que más combinación tuviesen con las claras virtudes del excelentísimo señor marqués de la Laguna. Y aunque no perdonó el cuidado, del más notorio al más recóndito, no hallé cosa que aun en asomos se asimilase a sus incomparables prendas, y así le fue preciso al discurso dar ensanchas[38] en lo fabuloso a lo que no se hallaba en lo ejecutado, pues parece que la naturaleza, como falta de fuerzas y suficiencia, no se atrevió a ejecutar, ni aun en sombras, lo que después a esmeros de la Providencia salió a lucir al mundo en su perfectísimo original; y así dejó que el pensamiento formase una idea en qué delinearlo, porque a lo que no cabía en los límites naturales se le diese toda la latitud de lo imaginado, en cuya inmensa capacidad aun se estrechan las glorias de tan heroico príncipe. Y aunque esta manera de escribir está tan aprobada con el uso, no quiero dejar de decir que en las divinas letras tiene también su género de apoyo el uso de las metáforas y apólogos[39] pues en el *Libro de los Jueces*, capítulo 9, se lee: «*Ierunt ligna, ut ungerent super se Regem: dixeruntque olivae: Impera nobis*»[40]. Y prosigue introduciendo los árboles que consultan políticamente el gobierno de la montaña. Y en el *Libro 4 de los Reyes*, capítulo 14, dice: «*Carduus Libani misit ad cedrum, quae est in Libano, dicens: Da filiam tuam filio meo uxorem. Transieruntque bestiae saltus, quae sunt in Libano, et conculcaverunt car-*

---

[38] *dar ensanchas:* «Dar ensanchas alguna cosa. Frase que vale extenderla fuera de lo justo y lícito, consentir o permitir que se haga lo que lícita y justamente no se puede o no se debe» (DA).

[39] *apólogo:* «Es una especie de parábola o fábula moral, en que se introducen de ordinario a hablar los brutos, plantas y otras cosas inanimadas, con ánimo de divertir y enseñar a un mismo tiempo: como hizo con sus fábulas Esopo» (DA).

[40] *Ierunt ligna...:* «Juntáronse los árboles para ungir un rey sobre ellos, y dijeron al olivo: Reina sobre nosotros»; *Jueces*, 9, 8. Vale notar que el apólogo de Jotán es una protesta contra la monarquía.

duum»[41]. Demás que las fábulas tienen las más su fundamento en sucesos verdaderos; y los que llamó dioses la gentilidad, fueron realmente príncipes excelentes a quienes por sus raras virtudes atribuyen divinidad, o por haber sido inventores de las cosas, como lo dice Plinio: «*Inventores rerum Dii habiti sunt*»[42]. Y Servio dijo que sus virtudes los habían elevado del ser de hombres a la grandeza de deidades: «*Vocamus Divos, qui ex hominibus fiunt*»[43]. Y este poder y grandeza de la virtud lo vemos en lo sagrado: «*Ego dixi: dii estis*»[44].

Razones que me movieron a delinear algo de las siniguales[45] virtudes de nuestro príncipe en el dios Neptuno, en el cual parece que no acaso, sino con particular esmero quiso la erudita Antigüedad hacer un dibujo de su excelencia tan verdadero, como lo dirán las concordancias de sus hazañas. Fue este heroico príncipe hijo de Saturno y hermano de Júpiter, el cual por suerte o por mayoría fue rey del cielo, quedando a Neptuno todo el imperio de las aguas, islas y estrechos, como lo refiere Natal[46]: «*Hic*

---

[41] *Carduus Libani...*: «El cardo del Líbano envió a decir al cedro que está en el Líbano: Da tu hija por mujer a mi hijo. Mas las bestias salvajes que habitan en el Líbano pasaron y pisotearon al cardo»; *2 Reyes,* 14, 9 [*4 Reyes,* 14, 9].

[42] *Inventores rerum...*: «Los inventores de las cosas fueron considerados como dioses». Probablemente una paráfrasis de Polidoro Vergilio, *De inventoribus rerum* [De los inventores de las cosas] (1.1), obra escrita en 1499: «Aunque Lactancio Firmiano en el lib. I, de las *Instituciones divinas,* llama a Saturno padre de todos los Dioses, porque como dice Ennio en su *Historia sacra,* engendró a Júpiter de Oppo, y a Juno, Neptuno, Plutón y Glauco, los cuales por haber hecho mucho provecho y bien a los hombres fueron tenidos por Dioses *[dii habiti sunt]*»; *Los ocho libros de Polidoro Vergilio, de los inventores de las cosas,* trad. de Vicente de Millis Godínez (Medina del Campo, 1599), 4v.

[43] *Vocamus Divos...*: «Llamamos dioses a seres que remontan a hombres»; paráfrasis de Servio *(Eneida,* 12, 139): «*nam deos aeternos dicimus, divos vero qui ex hominibus fiunt*» («Pues llamamos dioses eternos a los dioses que verdaderamente remontan a hombres»); *Servii Grammatici qui feruntur in Vergilii carmina commentarii,* vol. 2, ed. de Georg Thilo y Hermann Hagen (Hildesheim, Georg Olms, 1961), 591.

[44] *Ego dixi...*: «Yo dije: Vosotros sois dioses»; *Salmos,* 81, 6.

[45] *siniguales:* «adjetivo de una terminación que se aplica a lo que en su línea es muy excelente, o sobresaliente: como quien dice: No hay cosa que se le pueda comparar, o que se le parezca» (DA).

[46] *Natal:* Natale Conti (1520-1582), humanista italiano, traductor de autores griegos y autor de la compilación mitológica *Mythologiae* (Venecia, 1551), fuente fundamental de este proyecto alegórico de Sor Juana.

cum Iovis socius et adiutor fuisset in bellis post Saturnum e regno depulsum, iactis sortibus de totius mundi imperio, mare, et omnes insulas, quae in mari existunt, tenere cum imperio sortitus est Neptunus»[47]. Fue madre suya la diosa Opis, o Cibeles, la cual es lo mesmo que Isis, por representar estos dos nombres la tierra a la cual llamaron *Magna Mater*[48] y creyeron ser madre de todos los dioses, y aun de las fieras, como la llamaron [Lucrecio]:

> *Quare Magna Deum Mater, Materque ferarum*[49].

Y Silio Itálico en el Libro [16]:

> *At grandaeva Deum praenoscens [omina] Mater*[50].

Lo mismo significa Isis en sentir de Natal: «*Io modo Luna dicta est, modo credita est Terra*»[51]. Y más adelante: «*Fabulantur,*

---

[47] *Hic cum Iovis...*: «Como éste fuera compañero y ayudante de Júpiter en las guerras, echadas las suertes sobre el dominio de todo el mundo después que Saturno fue expulsado del reino, Neptuno obtuvo en suerte dominar con su gobierno el mar y todas las islas que hay en el mar»; Natale Conti, *Mitología*, ed. y trad. de M.ª Consuelo Álvarez y Rosa M.ª Iglesias (Murcia, Universidad de Murcia, 1988), 149 («Sobre Neptuno»).

[48] *Magna Mater*: «Gran Madre». Véase el capítulo «Magna Mater», en Vincenzo Cartari, *Imagines Deorum* (Lyon, 1581), 138-162.

[49] *Quare Magna...*: «Por esta razón [se dice que es una sola] la Gran Madre de los dioses, la madre de las fieras»; Lucrecio, *La naturaleza* (2, 598), citado en Conti, 671 («Sobre Rea»). Por seguir a Vitoria también se equivoca Sor Juana del nombre del autor, pues Vitoria escribe: «Luercio la llamó madre de los dioses y de las fieras: *Quare Magna Deum mater, materque ferarum*»; la nota al margen reza así: «*Luerc. l. 2*»; Vitoria, I, 33 («Saturno»). Sor Juana intenta corregir el nombre del autor al cambiarlo a «Laercio». La traducción de los cuatro versos de Lucrecio citados por Conti reza así: «Por esta razón se dice que es una sola la Gran Madre de los dioses, la madre de las fieras y la engendradora de nuestro cuerpo. Los doctos poetas antiguos de los griegos contaron que ésta, desde su asiento en el carro, guiaba a dos leones uncidos por el yugo»; Conti, *loc. cit.*

[50] *At grandaeva...*: «Su longeva madre reconoce esta señal de los dioses»; Silio Itálico, *La guerra púnica* (16, 124), ed. y trad. de Joaquín Villalba Álvarez (Madrid, Akal, 2005), 561. Vitoria incluye esta cita inmediatamente después de la cita de Lucrecio (véase nota 49, *supra*) y atribuye el verso al «libro sexto» de Silio Itálico, error o errata que repite Sor Juana; la monja mexicana también sigue el error o errata de Vitoria de escribir «*omnia*» en vez de «*omina*».

[51] *Io modo Luna...*: «Io fue o bien llamada Luna o bien considerada la tierra»; Conti, 631 («Sobre Io o Isis»).

tes proferpunt. Vefta dicitur, quod viridibus herbis veftiatur.
Buccatius lib. III. de Geneal. Deorū huius imaginē exprimit,
Expofitio & quid ea fibi velit, exponit. Dicit ergo eam in capite turritam
imaginis coronam geftare: nam terræ ambitus, coronæ inftar eft ciuita-
Opis. tibus & oppidis infignitus. Veftis præterea ramorum, atque
herbarum textura diftinguitur; quæ arbores, plantas ac her-
bas oftendit, quibus terra eft confita. Sceptrum manu tenet,
quo regna, diuitiæ, ac humana potentia, quæ funt in terra, fi-
gnificantur: timpana, quæ apud eam funt, ad terræ rotundita-

«Magna Mater», en Cartari, 140.

«Isis, Gran madre de los dioses», en Athanasius Kircher, *Itinerario del éxtasis o Las imágenes de un saber universal*, ed. de Ignacio Gómez de Liaño (Madrid, Siruela, 1990), 218.

Isis, Gran madre de los dioses

A la izquierda se enumeran los diferentes nombres con que la diosa ha sido conocida. A la derecha van sus atributos según la descripción de Apuleyo en el Asno de Oro.

A   Indica la Divinidad, el mundo, los orbes celestes.
BB El flexuoso camino de la Luna y el poder de la fertilidad.
CC El tocado indica el poder de la Luna en las hierbas y plantas.
D   El símbolo de Ceres, pues Isis descubre el trigo.
E   El multicolor vestido de algodón indica la faz polimorfa de la Luna.
F   El descubrimiento del trigo.
G   El Señorío sobre todos los vegetales.
H   Los rayos lunares.
I   (El Sistro) El Genio que protege contra los males del Nilo.
K   Los aumentos y disminuciones de la Luna.
L   La humedad, el poder de la Luna.
M   (pie izquierdo) El poder dominador y adivinatorio de la Luna.
N   El Señorío sobre los humores y el mar.
O   Símbolo de la Tierra, y la invención de la Medicina.
P   La fertilidad que sigue a la irrigación de la tierra.
Q   Señora de las estrellas.
R   Nutricia de todas las cosas.
S ⎫
  ⎬ Señora de tierra y mar.
M ⎭

Las inscripciones griegas dicen: «Isis, daimon omnicomprensivo y polimorfo; naturaleza llamada con mil nombres materia.»
«Alba Madre de los dioses, esta Isis de muchos nombres.»
(Oedipus aegyptiacus I, p. 189, tamaño original, 16 × 25 cm.)

«Isis» (leyenda), en Kircher, 221.

Ionem in vaccam mutatam fuisse, animal fertilitatis terrae studiosum, cuius omnis industria sit in colendis agris ob ubertatem ipsius terrae[52]. En honra suya se celebraban juegos circenses (como lo refiere Plutarco), a quienes llamaban *Neptunalia*, pues se hacían en honra de Neptuno, dios de los consejos[53]. (San Cipriano, *[De spectaculis]: Neptuno quasi consilii Deo Circenses*)[54].

---

[52] *Fabulantur, Ionem...*: «Cuentan mediante fábulas que Io se convirtió en vaca, animal dedicado a la fertilidad de la tierra, cuya actividad se desarrolla toda en el cultivo de los campos a causa de la riqueza de la propia tierra»; Conti, *loc. cit.*

[53] *dios de los consejos*: en su égloga «Sobre las fiestas romanas», Ausonio menciona «ese rito doble, que llaman unos *Neptunalia*, y otros dicen ser Conso o de los consejos»; Ausonio, *Obras* I, ed. y trad. de Antonio Alvar Ezquerra, BCG, 146 (Madrid, Gredos, 1990), 380. Alvar Ezquerra comenta estos versos así: «Los *Neptunalia*, en honor de *Neptunus pater*, aparecen asimilados a Ausonio en los *Consualia*, en honor de Conso, primitiva divinidad latina de la vegetación y las semillas (su nombre deriva de *condo* = "escondido"); Conso había sido confundido con Neptuno ecuestre, creador del caballo, y sus fiestas tenían lugar el 21 de agosto y el 15 de diciembre, con carreras de caballos, mulos y asnos. Este dios está relacionado con el "rapto de las sabinas", pues Rómulo aseguraba que le había dado ese consejo Conso, en cuyo honor se celebraban las fiestas que habían reunido a romanos y sabinos. Por eso es llamado *deus consiliorum* o "dios de los consejos". [...] Los *Neptunalia*, por su parte, se celebraban entre el 22 y el 23 de julio»; Ausonio, *loc. cit.* Por su parte, Sigüenza y Góngora escribe: «entre los nombres de Neptuno es célebre el de Conso, y que Conso fuese Neptuno consta de Plutarco *in Romul.* "*Vocabant eum Deum Consum vel equestrem Neptunum*" [«Llamaban a este dios Conso o Neptuno equestre»], y de Ausonio, *Eidyl.* 12: "*Tum Jovis & Consi germanus tartareus Dis*" [«Tartáreo hermano de Júpiter, y de Conso para los dioses»]. Como también de Servio 8. *Aeneid.* Dionys. Halicarnas. lib. I. *Antiquit. Roman.* Este, pues, dios Conso o Neptuno fue hijo de Isis, como afirma Bulengero, *de Circ. Roman.*, cap. 9. Y siendo *Conso* lo mismo que *Harpócrates*, por sentencia del mismo autor, que dijo, fol. 35: "*Hic igitur Consus est Harpocrates*" [«así, pues, Conso es Harpócrates»]; lo cual, y que sea hijo de Isis quiere Varrón, lib. 4, *de Ling. lat.*; y Plutarco, *in Isid.*, que dice haber tenido ésta por hijo a *Sigalion*, por otro nombre *Harpócrates*, a quien refiere y sigue el eruditísimo Tiraquello, 1, 7, *Connub.*, núm. 34. Consta evidentemente ser *Neptuno* llamado *Conso, Harpócrates*, y *Sigalion*, hijo de *Isis* y, por el consiguiente, de *Misraím»;* Carlos de Sigüenza y Góngora, *Teatro de virtudes políticas que constituyen a un príncipe* (México, 1680), 13-14.

[54] *Neptuno quasi...*: «Los juegos circenses eran en honor de Neptuno, en cuanto dios del consejo». Este pasaje de *De spectaculis,* y no de una epístola de San Cipriano como dice Sor Juana, reza así: «*Romulus Conso, quasi consilii deo, ob rapiendas Sabinas circenses, primus consecravit*» («Rómulo fue el primero que, a raíz del rapto de las Sabinas, consagró unos juegos circenses a Conso, en tanto dios del consejo»); San Cipriano, *De spectaculis* (4),

Estaban sus aras debajo de la tierra, no sólo para denotar que el consejo para ser provechoso ha de ser secreto (Servio 8, *Aeneida: Qui ideo Templum sub tecto in circo habet, ut ostendatur tectum consilium esse debere*)[55] sino para dar a entender que también honraban con silencioso recato a Neptuno en el supuesto[56] de Harpócrates, dios grande del silencio, como lo llamó san Agustín, Libro 18, Capítulo 5, *Civitatis Dei*[57]; Policiano[58], Capítulo 83, de sus *Misceláneas;* advirtiendo que al que los

en *Patrologia latina,* vol. 4, ed. de J.-P. Migne (París, 1891), 814. En torno a la autoría de este texto antes atribuido a san Cipriano, Julio Campos confirma que «hoy se tiende a considerarlo de Novaciano»; San Cipriano, *Obras de San Cipriano. Tratados. Cartas,* ed. bilingüe de Julio Campos, BAC, 241 (Madrid, BAC, 1964), 47.

[55] *Qui ideo...:* «Quien, por tanto, tiene un templo en el circo bajo tierra, para que quede patente que un consejo debe ser secreto»; Servio *(Eneida* 8, 636), citado también por Lilio Gregorio Giraldi, *De deis gentium,* 5, 220 («Neptuno»). Sigüenza y Góngora (14) también menciona el pasaje de Servio al explicar que Neptuno y Conso son el mismo dios; véase nota 53 *supra.* En el comentario serviano citado aquí por Sor Juana, Servio aclara que Conso es el dios del *consilium* en el sentido de «asamblea», y no en el sentido de «consejo», como me ha explicado la profesora Cecilia Criado. Está claro que Sor Juana no entiende (o no quiere dar a entender) esta palabra en el sentido que explica Servio, y por tanto aparece traducido como *«consilium»* (etc.) en el sentido de «consejo» a lo largo de este texto.

[56] *supuesto:* «Término de Filosofía, y usado como sustantivo, es la individualidad de la sustancia completa, e incomunicable. Llámase así porque queda puesta debajo de todos los accidentes» (DA).

[57] *como lo llamó san Agustín:* «Como en casi todos los templos donde se daba culto a Isis y Serapis había una estatua *[simulacrum]* que con el dedo sobre los labios parecía amonestar a guardar silencio, piensa Varrón que esto quería indicar que no se hablase de ellos como de hombres»; San Agustín, *La ciudad de Dios* (18, 5), vol. 2, en *Obras completas,* vol. 17, ed. bilingüe de Santos Santamarta del Río y Miguel Fuertes Lanero, BAC, 172 (Madrid, BAC, 1988), 418. En su capítulo «De Harpócrato Dios del Silencio», Vitoria parafrasea este pasaje de san Agustín e incluye la referencia como nota al margen; Vitoria, II, 551 («De otros dioses de menor cuantía»). Salceda recuerda que Sor Juana menciona a Harpócrates, dios del silencio, en su *Primero sueño* (núm. 216, vv. 73-76): «el silencio intimando a los vivientes, / uno y otro sellando labio obscuro / con indicante dedo, / Harpócrates, la noche, silencioso».

[58] *Policiano:* «Angelo Ambrogini, llamado Poliziano por el Monte Pulciano, donde nació en 1454, fue a Florencia [...] y murió allí en 1494 poco después que su gran mecenas y amigo Lorenzo de Médicis. [...] Fue tutor de los hijos de Lorenzo y dio clases de literatura latina y griega a una amplia concurrencia de estudiosos italianos y extranjeros. [...] Este gran poeta fue también un apa-

egipcios daban la apelación de Harpócrates, era el dios que veneraban los griegos con el nombre de Sigalión. Cartario[59], *in Miner.*, pág. 250. *Aegyptii silentii Deum inter praecipua sua Numina sunt venerati; eum Harpocratem vocaverunt, quem Graeci Sigalieonem dicunt*[60].

La razón de haber los antiguos venerado a Neptuno por dios del silencio, confieso no haberla visto en autor alguno de los pocos que yo he manejado, pero si se permite a mi conjetura, dijera que por ser dios de las aguas, cuyos hijos los peces son mudos, como los llamó Horacio:

> *O mutis quoque piscibus*
> *Donatura cycni, si libeat, sonum*[61].

---

sionado investigador de información, sobre hechos y cosas, que le parecía necesaria para comprender e interpretar la poesía antigua»; Rudolf Pfeiffer, *Historia de la filología clásica*, vol. 2, *De 1300 a 1850*, trad. de Justo Vicuña y M.ª Rosa La fuente, BCG, 17 (Madrid, Gredos, 1981), 79-81.

[59] *Cartario:* Vincenzo Cartari (1520-1570), *Imagines Deorum, qui ab antiquis colebantur...*, trad. de Antonio Verderio (Lyon, 1581). La primera edición de *Le imagini di i dei de gli antichi* fue publicada en Venecia en 1571 (en italiano), pero Sor Juana maneja la traducción latina.

[60] *Aegyptii silentii...:* «Entre los númenes principales, los egipcios veneraron al dios del silencio; llamaron Harpócrates a aquel que los griegos llaman Sigalión»; Cartari, 250. Vitoria sigue la discusión de Cartari sobre Harpócrates y comenta el grabado de este dios incluido en el libro de Cartari «También le pinta Cartario mozo, la cara informe, y mal figurada, con un birrete en la cabeza, desnudo, y mal cubierto con la piel de un lobo, y todo él lleno de orejas y ojos, pero sin boca. La razón que da de esta misma pintura Cartario es que aunque haya muchos ojos para ver, y muchas orejas para oír, no ha de haber boca ni lengua para hablar. Esto mismo quiso dar a entender en la piel de lobo vestida; porque como dicen San Ambrosio y Solino, en viendo el lobo primero al hombre, enmudece. Y esta propiedad trae el mismo Cartario. Y añade, que porque el lobo cuando hace la presa, se va tan callado que de nadie es sentido, ni aún su resuello. Y porque esto es lo mismo que tener el dedo en la boca, por eso vistieron a Harpócrato de aquella piel de lobo»; Vitoria, II, 552 («De otros dioses de menor cuantía»).

[61] *O mutis...:* «Darías / incluso a los mudos peces / el canto del cisne si quisieras»; Horacio (Oda 4, 3, 19-20), *Odas y Epodos*, ed. cit., 329. Valeriano (218v) cita estos dos versos en su discusión sobre el silencio y Vitoria los cita en su discusión sobre Harpócrates; Vitoria, II, 555 («De otros dioses de menor cuantía»).

sermonem in suam potestatē habere debeat, vt, cum expedire
iudicauerit, eum cohibere, aut emittere possit. Hastam etiam
Minerua, vt dixi, tenet; eamque, vt Apuleius libro x. scribit,
quatit; brachiumque attollens, clypeum ostentat; idemque ei
duos pueros addit, qui nudatis gladiis minitari omnibus vi-
dentur; quorum vnus est Terror, alter Timor; qui quidem in
bello dominantur. Itaque Statius lib. VII. Thebaid. cum fin-
git Martem a Ioue missum ad bellum inter Argiuos, & Theba-
nos excitandum, eum dicit, secum Pauorem, & Terrorem ad-

Ii 2

«Harpócrates y Angerona», en Cartari, 251.

Por lo cual a Pitágoras, por ser maestro del silencio, le figuraron en un pez, porque solo él es mudo entre todos los animales; y así era proverbio antiguo: *Pisce taciturnior*[62], a los que mucho callaban; y los egipcios, según Pierio, lo pusieron por símbolo del silencio; y Claudiano dice que Radamanto convertía a los locuaces en peces, porque con eterno silencio compensasen lo que habían errado hablando.

> *Qui iusto plus esse loquax, arcanaque suevit*
> *Prodere, piscosas fertur victurus in undas:*
> *Ut nimiam pensent aeterna silentia vocem*[63].

Y siendo Neptuno rey de tan silenciosos vasallos, con mucha razón lo adoraron por dios del silencio y del consejo. Pero volviendo a nuestro propósito, digo que esta Isis tan celebrada fue aquella reina de Egipto a quien Diódoro Sículo

---

[62] *Pisce taciturnior:* «Más callado que un pez»; Valeriano, 218v. Caro y Cejudo recuerda el refrán «No habla más que un muerto», seguido por el adagio de Erasmo: «*Magis mutus quam piscis* [*sic*]»; y añade este comentario: «*Taciturnior Pythagoreis*. Erasm. Tomóse el adagio de la escuela de Pythagoras, en la cual se mandaba a los oyentes no hablaran en cinco años»; Caro y Cejudo, *op. cit.*, 272. En su capítulo «De Harpócrato dios del silencio», Vitoria escribe lo siguiente: «Y fue proverbio antiguo: *Pisce taciturnior*, más callado y más mudo que el pez. Y así le pusieron los Egipcios, según dice Pierio, por símbolo del silencio, y el poeta Lucrecio llamó a los peces mudos nadadores, y Horacio dijo a este propósito: "*O mutis quoque piscibus / Donatura [c]ygni, si libeat sonum*"»; Vitoria, II, 555 («De otros dioses de menor cuantía»).

[63] *Qui iusto...:* «El que tuvo la costumbre de hablar más de lo justo y de revelar los secretos, es precipitado a vivir en las aguas abundantes de peces para que su eterno silencio expíe sus excesivas palabras»; Claudiano, *Invectiva contra Rufino* (2, 488-490), en *Poemas* I, ed. y trad. de Miguel Castillo Bejarano, BCG, 180 (Madrid, Gredos, 1993), 186. Valeriano cita estos tres versos en su discusión sobre el silencio (218v). Después de citar a Horacio (véase nota 62 *supra*) Vitoria continúa su discusión sobre el silencio de los peces así: «Y Claudiano atribuye el mudo silencio a los peces, cuando introduce a Radamanto, juez de los Infiernos, condenando los hombres locuaces y parleros, que han tenido atrevimiento de descubrir y manifestar los ocultos secretos, en pena de lo cual los transforman y convertía en peces. Y éstos son los versos de Claudiano: "*Qui iusto plus esse loquax, arcanaeque suevit / Prodere, piscosas fertur victurus in undas, / Ut nimiam pensent aeterna silentia vocem*". / Quien más de lo que es justo ha hablado, / Descubriendo secretos muy ocultos, / A las aguas saladas condenada / Quede su voz, en un silencio mudo»; Vitoria, II, 555-556 («De otros dioses de menor cuantía»).

con tanta razón elogia desde los primeros renglones de su historia[64], la cual fue la norma de la sabiduría gitana[65]. Un libro entero escribió Plutarco de este asunto[66]; Pierio Valeriano muchos capítulos; Platón muchos elogios, el cual en el Libro 2, *De Legibus* tratando de la música de los egipcios dijo: «*Ferunt, antiquissimos illos apud eos concentus Isidis esse poemata*»[67]. Tiraquell. Leg. II. Connub., n. 30[68], la puso en el docto catálogo de las mujeres sabias. Y fuelo en sumo grado, pues fue la inventora de las letras de los egipcios, si se ha de dar crédito a los versos antiguos, que afirma Pedro Crinito[69] haber hallado y leído en la Biblioteca Septim[i]ana, uno de los cuales dice así:

Isis arte non minore protulit Aegyptias[70].

---

[64] *Diódoro Sículo...:* Diodoro de Sicilia (1, 2 y ss.), después de una larga introducción, comienza una discusión sobre Egipto, Isis y Osiris. Véase Diodoro de Sicilia, *Biblioteca histórica,* libros 1-3, ed. y trad. de Francisco Parreu Alasá, BCG, 294 (Madrid, Gredos, 2001).

[65] *gitana:* egipcia.

[66] *Un libro...:* véase Plutarco, *Isis y Osiris,* en *Obras morales y de costumbres,* vol. 6, ed. y trad. de Francisca Pordomingo Pardo y J. A. Fernández Delgado, BCG, 213 (Madrid, Gredos, 1995).

[67] *Ferunt, antiquissimos...:* «Dicen que aquellos cantos, entre ellos antiquísimos, eran poemas de Isis»; Platón, *Leyes* (2, 657b). La traducción del griego reza así: «Tal como dicen allí que las melodías que se conservaron durante todo este gran periodo de tiempo son obras de Isis»; Platón, *Leyes* (Libros 1-4), en *Diálogos,* vol. 8, ed. y trad. de Francisco Lisi, BCG, 265 (Madrid, Gredos, 1999), 253.

[68] *Tiraquell...:* André Tiraqueau (1488-1558): jurista francés y amigo de François Rabelais. *De legibus connubialibus et jure maritali [De las leyes conyugales y del derecho matrimonial]* (París, 1513): tratado reaccionario y misógino. Sigüenza y Góngora cita el mismo pasaje («Tiraquello, leg. II, Connub., n. 30») al alabar «la sublimidad de la erudición» de Sor Juana, recordando lo que Beyerlinck, Tiraquello y Textor escribieron sobre las «doctas mujeres»; Siguenza y Góngora, *op. cit.,* 11.

[69] *Pedro Crinito:* Pietro Riccio, o Petrus Crinitus (1465-1504): humanista florentino, que estudió con Poliziano y Lorenzo de Médicis en la Academia Platónica. Su obra principal es *De honesta disciplina* (Florencia, 1504), libro que figuró en el *Index Librorum Prohibitorum et Expurgandorum Novissimus* (Madrid, 1677).

[70] *Isis arte...:* «Isis, con no menor arte, produjo las artes egipcias». Los versos citados por Crinito figuran en varios textos del Renacimiento, aunque ningún autor cita su fuente más allá de Crinito, quien dice haberlos leído «en un an-

Fue también la que halló el trigo[71] y modo de su beneficio para el sustento de los hombres, que antes era sólo bellotas, y diolo en las bodas de Jasio, hijo de Corito, cuando casó con Tila. Inventó también el lino, como lo da a entender Ovidio:

Nunc Dea Linigera colitur celeberrima turba[72].

Finalmente, tuvo no sólo todas las partes de sabia, sino de la misma sabiduría, que se ideó en ella. Pues siendo Neptuno hijo suyo, claro está que no le corría menos obligación, pues el nacer de padres sabios no tanto es mérito para serlo cuanto obligación para procurarlo, para no degenerar ni desmentir misteriosos dogmas de los platónicos. En cuyo sentir Horacio, *Carmina*, 4. Oda 4:

Ne[que] imbellem feroces
Progenerant aquilae columbam[73].

---

tiquísimo códice de la biblioteca Septimiana»; Pietro Crinito, *De honesta disciplina* (17, 1), ed. de Carlo Angeleri, Edizione Nazionale dei Classici del Pensiero Italiano, 2 (Roma, Fratelli Bocca, 1955), 336. El humanista francés Jean Tixier de Ravisi, o Johannes Ravisius Textor (1480-1524) también cita a Crinito en su *Officinae epitome*, vol. 2 (Lyon, 1560), 112. Compárese: «Y en los versos trocaicos antiguos, que halló en un anciano M. S. de la Biblioteca Septimana Pedro Crinito, expresando los inventores de las Letras»; Gregorio García, *El origen de los Indios de el Nuevo Mundo e Indias occidentales* (Valencia, 1607), 198. Unas páginas después García escribe: «se introdujeron las Letras egipcias (que casi perecieron) por Isis»; García, *op. cit.*, 202.

[71] *la que halló..*: «De Ceres (aquí identificada con *Isis*) lo dice Virgilio al principio del lib. 1 de las *Geórgicas*» (Salceda).

[72] *Nunc Dea...*: «Ahora es una diosa muy venerada por una multitud vestida / de lino»; Ovidio, *Metamorfosis* (1, 747), en *Obras completas*, ed. de Antonio Ramírez de Verger, trad. de Ana Pérez Vega (Madrid, Espasa-Calpe, 2005), 869. Vitoria también menciona «la nueva invención de lino, como lo dice Ovidio», y cita el mismo verso que Sor Juana reproduce aquí, seguido por estas palabras: «También fue inventora del trigo, y de aliñarlo y componerlo, para que se hiciese del pan y lo dio en las bodas de Jasio, hijo de Corito, cuando casó con Tila: que hasta entonces su sustento era bellota»; Vitoria, I, 156 («Júpiter»).

[73] *Neque imbellem...*: «Y la fiera águila / palomas tímidas nunca procrea»; Horacio (Oda 4, 4, 31-32), *Odas y Epodos*, ed. cit., 333. Caro y Cejudo cita estos versos en su comentario al refrán «De buena vid planta tu viña, y de buena madre la hija»; Caro y Cejudo, *op. cit.*, 84.

Y siendo de ordinario las costumbres maternas norma y ejemplar por donde compone las suyas, no sólo lo tierno de la infancia, sino lo robusto de la juventud, mal se percibirán en ellos las prendas que nunca se adornaron. Juvenal, *Satiricón* 6:

> *Scilicet expectas, ut tradat Mater honestos,*
> *[Atque] alios mores, quam quos habet*[74].

Pero nuestro Neptuno desempeñó muy bien su origen con los soberanos y altos créditos de su saber. Lo cual se conoce claramente del acierto de sus acciones. Y aun en la manera de sus sacrificios, sacrificaban a Neptuno con particularidad el toro. Virgil., 2, *Eneida*:

> *Laocoon, ductus Neptuno sorte sacerdos,*
> *[Sollemnis] taurum ingentem mactabat ad aras*[75].

Y en otra parte:

> *Taurum Neptuno, taurum tibi pulcher Apollo*[76].

---

[74] *Scilicet expectas...*: «¿Acaso esperarías que la madre le transmita costumbres honestas, diferentes de las que ella misma tiene?»; Juvenal, *Sátiras* (6, 239-240), ed. y trad. de Manuel Balasch, BCG, 156 (Madrid, Gredos, 1991), 216.

[75] *Laocoon, ductus...*: «Laoconte, designado en suerte sacerdote de Neptuno, estaba en el altar acostumbrado / sacrificando un corpulento toro»; Virgilio, *Eneida* (2, 201-202), ed. de Javier de Echave-Sustaeta, BCG, 166 (Madrid, Gredos, 1992), 179. Vitoria escribe: «a Neptuno le sacrificaban el toro, como lo dicen Pierio Valeriano, Rabisio Textor y Virgilio», y cita los dos versos que Sor Juana reproduce aquí, seguidos por esta traducción: «Mientras Laocon ministro reverendo / Elegido por suerte en nuestra gente / Estaba en un altar solemne haciendo / Sacrificio al Señor del gran Tridente, / Y por huir un mal grave, y horrendo, / Un toro sacrifica de repente»; Vitoria, I, 281 («Neptuno»). Sor Juana sigue a Vitoria, quien da *solemnes* por *sollemnis*.

[76] *Taurum Neptuno...*: «Un toro a Neptuno, un toro a ti, hermoso Apolo»; Virgilio, *Eneida* (3, 119), citado en Conti, 152 («Sobre Neptuno»), y en Valeriano, 25r («Neptuno»). Vitoria también cita este verso, justo después de los versos de Virgilio citados en la nota 75 *supra*, y lo traduce así: «Sacrificó a Neptuno un toro solo, / Y otro también al bello Dios Apolo»; Vitoria, I, 281 («Neptuno»); vuelve a citar el verso en su libro sobre Minerva, donde menciona a Macrobio citando a Virgilio, y ofrece esta traducción: «[Sacrificó] Al rojo Apolo un muy hermoso toro, / Y otro a Neptuno, Dios de aquellos mares»; Vitoria, II, 294 («Minerva»).

Estacio, [*Aquileida*, Libro 2]:

> *Coeruleum Regem tauro veneratur*[77].

Silio Itálico, Libro 15:

> *Statuunt aras, cadit ardua taurus*
> *victima Neptuno*[78].

Sabido es ser el toro símbolo del trabajo, como se ve en Pierio, Libro 3[79]. Pues como los gentiles para hacer sus sacrificios observaban tener atención a cuáles eran las cosas de que cada dios más se agradaba y de aquélla hacían su víctima, así a Neptuno sacrificaron el toro, fundados quizá en que cuando contendió con Vulcano y Minerva por la primacía de las artificiosas obras de sus manos, formó el toro. Lucian. *in Hermotim. Minerva domum excogitavit, Vulcanus hominem, Neptunus taurum fecit*[80]. Bien pudo ser esta la razón, pero yo juzgo

---

[77] *Coeruleum Regem...*: «[Aquiles] inmola un toro al rey cerúleo»; Estacio, *Aquileida* (2, 114). Vitoria cita este verso justo después del verso de Virgilio recogido en la nota 76 *supra,* y lo traduce así: «Nerea Diosa de la mar ofrece / A Neptuno su abuelo un grande toro»; Vitoria, I, 281-282 («Neptuno»). En el margen de Vitoria figura la nota errónea «Stat. l. 5», que Sor Juana reproduce al escribir «*Tebaida,* Libro 5», atribuyendo el verso ahora a otro texto de Estacio. Vitoria, con esta cita y la anterior, probablemente sigue a Textor, quien atribuye este verso a «*Statius lib. 5 Achil.*»; Textor, *op. cit.,* 132.

[78] *Statuunt aras...*: «Erigieron altares, cae un toro, víctima soberbia, en honor de Neptuno»; Silio Itálico, *La guerra púnica* (15, 252-253). La traducción de Joaquín Villalba Álvarez (Madrid, Akal, 2005) no ha sido reproducida en este caso particular por no ser totalmente fiel al texto original.

[79] *Pierio, Libro 3*: el Libro 3 de *Hieroglyphica* se dedica al gran humanista y jurista del XVI Laelius Taurellus, y trata varios temas que tienen que ver con toros y bueyes. Vitoria escribe: «Este animal ha sido siempre símbolo del trabajo, como lo dicen Pierio, Oro, y Claudio Mino[e]: así es muy importante al servicio del hombre, y por eso los griegos le llamaron *Boys,* que viene de este nombre *bosco,* que significa sustento: porque importa mucho para el sustento y mantenimiento del hombre»; Vitoria, I, 282 («Neptuno»).

[80] *Minerva domum...*: «Minerva ideó una casa, Vulcano un hombre, Neptuno hizo un toro». La traducción del griego reza así: «Poseidón modeló un toro, Atenea inventó una casa y Hefesto plantó a su lado un hombre»; Luciano, *Hermótimo o sobre las sectas* (20), en *Obras*, vol. 4, ed. y trad. de José Luis Navarro López, BCG, 172 (Madrid, Gredos, 1992), 39. Vale notar que Sor Juana

ser otra, y muy diferente. Es Neptuno hijo de la misma sabiduría, ya se ha visto, pues queda probado ser hijo de aquella diosa errante que con el nombre de Io corrió las distancias de todo el mundo, y aportando a Egipto fue allí adorada en la figura y apariencia de una vaca, como elegantemente lo describe Ovidio, Epístola 14, *Hipermnestra ad Linceum:*

> *Scilicet ex illo Iunonia permanet ira,*
> *[Cum] bos ex homine [est], ex bove facta Dea*[81].

Y Lactancio Firmiano, Libro I, *De Falsa Religione,* Capítulo 15, *Summa veneratione coluerunt Aegyptii Is[id]em*[82]. Y aun

---

(o su fuente) invierte el orden que da Luciano para poner a Minerva en primer lugar y Neptuno en último. Vitoria sigue este mismo pasaje de Luciano, sin citarlo, y escribe que Minerva «enseñó a fundar y edificar casas» y que enseñó el «Arte de la Arquitectura»; Vitoria, II, 246 («Minerva»).

[81] *Scilicet ex illo...:* «Es verdad que la ira de Juno perdura desde el momento en que un ser humano se hizo vaca, y de la vaca salió una diosa»; Ovidio, *Cartas de las heroínas* 14 («Hipermestra a Linceo», 85-86), en *Cartas de las heroínas. Ibis,* ed. y trad. de Ana Pérez Vega, BCG, 194 (Madrid, Gredos, 1994), 125. Vitoria cita estos versos y los traduce así: «Ay, que el rigor de Juno permanece / Contra los de mi sangre, hay desvarío / Como por celos su malicia crece. / Crece desde aquel tiempo cuando Io / En vaca, de mujer, de vaca en Diosa, / Mudada fue, por su beldad y brío»; Vitoria, I, 154 («Júpiter»). Vitoria también da *«quo»* en vez de *«cum»* en el segundo verso citado aquí. Salceda resume la historia de Io así: «Entre otros mitólogos, Ovidio cuenta en el lib. 1 de *Las Metamorfosis,* la leyenda de Io, hija del río Ínaco, que fue amada por Júpiter envolviéndola en una nube dentro de un espeso bosque, y transformada en ternera para evitar que Juno descubriese el adulterio; entregada a la celosa esposa del dios fue puesta bajo la guarda de Argos el de los cien ojos, y libertada por Mercurio, por orden de Júpiter; pero Juno para vengarse puso en su pecho una Erinia en forma de terrible aguijón que la impulsaba a correr, con lo que recorrió el mundo hasta llegar a los bordes del Nilo, donde, perdonada por la reina de los dioses, recobró su primitiva forma y fue adorada por los egipcios bajo el nombre de Isis».

[82] *Summa veneratione...:* «Con gran veneración dieron culto los egipcios a Isis». Sor Juana altera ligeramente el texto de Lactancio, seguramente siguiendo a Textor (o a otro autor también influenciado por Textor), donde figura de la misma manera; Textor, *op. cit.,* 131. La traducción del texto original de Lactancio reza así: «Particularmente, sin embargo, cada pueblo adoró con gran veneración a los fundadores de su gente o de su ciudad, ya fueran varones insignes por su fortaleza, ya mujeres admirables por su castidad: así, los egipcios a Isis; los cartagineses a Urania [...]»; Lactancio, *Instituciones divinas,* ed. y trad. de E. Sánchez Salor, BCG, 136 (Madrid, Gredos, 1990), 121.

pasó este culto a los romanos, como lo dijo Lucano, Libro [8], hablando con el Nilo:

Nos in templa tuam Romana accepimus Isim[83].

Y que fuese en figura de vaca dícelo, con otros autores, Natal Comit., Libro 6, *Mitolog.* Capítulo 13: y Ovidio, Libro 3, *Arte amandi:*

Visite turicremas Vaccae Memphitidos aras[84].

Por eso le fueron las vacas a Isis agradable sacrificio. Heródoto, Libro 2, escribió: «*Boves foeminas maxime fuisse sacras Isidi apud Ægyptios*»[85]. Porque siendo Isis la sabiduría, no pudieran hacerle mayor cortejo que sacrificarle la misma sabiduría en su símbolo, que era la vaca en que a ella la idearon. De aquí infiero que cierta imagen del océano u de Neptuno que (como dice Cartario), eran muy parecidos en los retratos: «*Imagines Neptuni atque Oceani non multum inter se erant dissi-*

---

[83] *Nos in templa...*: «Nosotros hemos acogido en nuestros templos de Roma a tu Isis»; Lucano, *Farsalia* (8, 831), ed. y trad. de Antonio Holgado Redondo, BCG, 71 (Madrid, Gredos, 1984), 362. Este verso de Lucano figura en la definición de «Isis» en Sebastián de Covarrubias, *Tesoro de la lengua castellana o española,* ed. de Martín de Riquer (Barcelona, Alta Fulla, 1993), 742. Vitoria escribe sobre Isis: «Levantáronle a esta diosa famosísimos templos, no sólo en Egipto, sino también en toda la Grecia, en Italia, y en Roma ponían su imagen en los templos de los demás dioses, como lo dijo Lucano», seguido por el verso que Sor Juana reproduce aquí, con una ligera modificación; Vitoria, I, 157 («Júpiter»).

[84] *Visite turicremas...*: «Frecuentad los altares de la vaca de Menfis, ahumados con incienso»; Ovidio, *Arte de amar* (3, 393), en *Amores. Arte de amar. Sobre la cosmética del rostro femenino. Remedios contra el amor,* ed. y trad. de Vicente Cristóbal López, BCG, 120 (Madrid, Gredos, 1989), 445.

[85] *Boves foeminas...*: «Las vacas hembra fueron en gran manera consagradas a Isis entre los egipcios». La traducción del griego reza así: «En efecto la imagen de Isis, que representa a una mujer, lleva cuernos de vaca, tal como los griegos simbolizan a Ío; y todos los egipcios, sin excepción, veneran a las vacas muchísimo más que al resto del ganado»; Heródoto, *Historia* (2, 41), ed. y trad. de Carlos Schrader, BCG, 3 (Madrid, Gredos, 1977), 325. Sor Juana parece parafrasear esta discusión en Conti, quien también cita este pasaje de Heródoto, aunque con otra traducción latina; Conti (ed. latina), 469. Las demás citas de Heródoto en el *Neptuno alegórico* se toman directamente de Conti.

miles»[86]. Y con razón, pues indicaban una misma cosa, aunque por referirse a diversas propiedades tenían variadas las apelaciones: fue lo mismo pintarle en la semejanza de un toro que delinear a Neptuno como sabio. Eurípides, *in Oreste:*

> *Oceanus, quem*
> *tauriceps ulnis*
> *se flectens ambit terram*[87].

Pues si la sabiduría se representaba en una vaca, los hombres sabios se idearon en un toro. Bolduc, *de Oggio*, Libro 3, capítulo 4: «*Tauro viri Sapientes, Vacca autem eorum Sapientia repraesentabatur*»[88]. De donde se conoce que no por ser hechura

---

[86] *Imagines Neptuni...:* «Las imágenes de Neptuno y Océano no eran muy desemejantes entre sí»; Cartari, 174.

[87] *Oceanus, quem...:* «Al que Océano, de cabeza de toro, arremolinándose, con sus brazos rodea la tierra»; Eurípides, *Orestes* (1377-1379). Conti cita este fragmento en griego y da a ésta misma traducción latina; Conti, 578 («Sobre Océano»). Vitoria cita el fragmento en latín, con estas palabras introductorias: «Pintaron los antiguos al Océano con cabeza de toro, como lo dice Eurípides...»; Vitoria, I, 271-272 («Neptuno»). El contexto completo del pasaje original reza así: «¿Por dónde escapar, mujeres extranjeras, volando al éter blanquecino, o por el alto mar, que arremolina Océano de cabeza de toro al rodear sus brazos la tierra?»; Eurípides, *Tragedias,* vol. 3, ed. y trad. de Carlos García Gual y Luis Alberto de Cuenca y Prado, BCG, 22 (Madrid, Gredos, 1985), 235-236.

[88] *Tauro viri...:* «Con un toro se representaba a los hombres sabios, y con una vaca su sabiduría»; Jacques Boulduc, *De Oggio Christiano* (Lyon, 1640). Según Boulduc, el *oggium* —de la voz hebrea *ghog* (el tipo de pan sacrificado por Adán)— era el sacrificio protoeucarístico de pan ofrecido a Dios por los patriarcas. Noel Malcolm explica el programa protoeucarístico de Boulduc así: «En *De ecclesia ante legem,* Boulduc [...] argumenta que la filosofía griega se ha derivado de los descendientes de Noé y discute en profundidad el camino por el cual la idolatría pagana se ha desarrollado sobre un entendimiento incorrecto de la religión patriarcal. Este tema fue elaborado en detalle en *De oggio christiano,* en el que se establece que los dos sacrificios originales habían sido los de Adán (grano) y Abel (carne), a los cuales añadió Noé el sacrificio del vino; desde el cautiverio del pueblo Babilonio hasta el advenimiento de Cristo, los sacrificios de Adán y Noé habían sido sistematizados en la forma del pan y el vino. El conocimiento del sacrificio patriarcal se había difundido por los Gentiles aunque de manera equívoca, ya que se añadieron nombres y palabras de forma errónea como resultado de la corrupción de las palabras hebreas. Así, en relación con el sacrificio de Adán, relacionado con el pan —que

suya, sino por ser símbolo de la sabiduría, fabricaron a Neptuno el toro. Con esto queda entendido Plutarco, que en el libro *De profectu virtutis,* escribe: «*Philosophum Stilponem somniavisse, vidisse se Neptunum expostulantem secum, quod non bovem ipsi immolasset*»[89]. Y luego añade: «*Ut mos erat Sacerdotibus*»[90]. ¿Era Estilpón filósofo?, ¿profesaba ciencias? pues con razón se le queja Neptuno de que siendo sabio no le sacrifique la sabiduría al padre de ella en su símbolo, pues conociéndolo, no había sabio que con la agradable víctima del toro no lo sacrificase cuanto había alcanzado de las ciencias: «*Ut mos erat sacerdotibus*». Habían reconocido que agradaba tanto la sabiduría a Neptuno, que aun los más ínfimos criados suyos, como Tritón (de quien dice Ovidio, Libro I, *Metamorfosis:*

<hr />

corresponde a la voz hebrea "ghog"— Noé fue conocido por los griegos y babilonios como "Ogyges" y los sacrificios representados por los paganos en sus cultos a Ceres y Baco fueron conocidos como "orgías". (Según Boulduc, tanto "Ceres" como "Baco" eran resultado de otros nombres de la religión pagana y derivados así mismo del hebreo). Estos argumentos que inevitablemente impactan en el lector moderno por su inverosimilitud, no fueron sino una temprana expresión de lo que llegó a ser la mayor tradición acerca de la religión pagana del siglo XVII (expuesto de este modo por eruditos como Samuel Bochart, Athanasius Kircher y Pierre-Daniel Huet) para la que todas las religiones eran explicadas bajo los términos de una corrupta difusión de la fuente original sagrada»; Noel Malcolm, «The Name and Nature of Leviathan: Political Symbolism and Biblical Exegesis», *Intellectual History Review,* 17, 1 (2007), 36. Sigüenza y Góngora también cita este libro de Boulduc en el programa de su arco. Los editores anteriores han entendido «*oggio*» como una errata: «parece que hay una errata en el nombre del libro, porque en la *Biographie Universelle* de Michaud se le llama *De Orgio christiano*» (Salceda); «[Salceda] apunta la posible errata del título en el texto; debe leerse: *De Orgio christiano*» (Sabat).

[89] *Philosophum Stilponem...:* «Que el filósofo Estilpón soñó que había visto a Neptuno reclamándole porque no le hubiese inmolado un buey»; Plutarco, *Cómo percibir los propios progresos en la virtud* (83C). La traducción del griego reza así: «Como lo que se dice del filósofo Estilpón, que creyó haber visto en sus sueños a Posidón que estaba irritado con él porque no le había sacrificado un buey»; Plutarco, *Obras morales y de costumbres,* vol. 1, ed. y trad. de Concepción Morales Otal y José García López, BCG, 78 (Madrid, Gredos, 1985), 295. El texto en latín se titula *De profectu in virtute,* pero la abreviatura común era *De prof. virt.,* y de ahí la confusión de Sor Juana.

[90] *Ut mos...:* «Según tenían por costumbre los que la hacían sacrificios»; Plutarco, *loc. cit.*

Caeruleum Tritona vocat concha[e]que sonanti
Inspirare iubet)[91],

eran doctos, eran sabios, más por la vigilancia de Neptuno,
que los industriaba, que por su propria aplicación. El mismo
Tritón ([4], *Argonaut.* Apollo).

Etenim me Pater scientem Ponti
Fecit Neptunus huius esse[92].

Otros muchos apoyos pudiera traer en prueba de la sabi-
duría de Neptuno, a no pedir la presente obra más brevedad
que erudición y parecerme que con esto basta para legitimar
su filiación, pues siendo Neptuno tan sabio, no pudiera tener
otra madre que a Isis; ni ésta otro hijo más parecido que Nep-
tuno, pues (como dice Theognis, poeta griego):

Non etenim e squilla rosa nascitur, aut hyacinthus:
Sed neque ab ancilla filius ingenuus[93].

Y los antiguos atenienses estaban en la tutela de Neptuno
y Minerva, a quienes reverenciaban por dioses de la sabiduría,
tallando en una parte de sus monedas la cabeza de Minerva y
en otra el tridente de Neptuno; como Cartario, *in Minerv.*, pá-

---

[91] *Caeruleum Tritona...*: «[Neptuno] llama al azulado Tritón y le ordena que
sople en su sonora concha»; Ovidio, *Metamorfosis* (1, 333-334), citado en Con-
ti, 583 («Sobre Tritón»). Vitoria cita estos versos, y los traduce así: «Llamó a
Tritón, que de purpúreo pelo / Cubierto está los hombros; prestamente / Le
manda publicase, que cualquiera / Refrene el curso libre de repente»; Vitoria,
I, 310-311 («Neptuno»). Sor Juana sigue a Vitoria quien también da *conchaque*
en vez de *conchaeque*.

[92] *Etenim me Pater...*: «Porque a mí el padre Neptuno me hizo conocedor de
este mar». En su capítulo «De Tritón hijo de Neptuno», Vitoria atribuye co-
rrectamente este pasaje de Apolonio al «l. 4», que Sor Juana seguramente leyó
como «14»; Vitoria, I, 309 («Neptuno»). La traducción del griego reza así:
«Pues mi padre Posidón me hizo ser conocedor de este mar»; Apolonio de Ro-
das, *Argonáuticas* (4, 1558-1559), ed. y trad. de Mariano Valverde Sánchez,
BCG, 227 (Madrid, Gredos, 1996), 328.

[93] *Non etenim e squilla...*: «Pues ni la rosa ni el jacinto nacen de la escila, ni
de una esclava un hijo con cualidades de hombre libre»; Teognis (537-538), en
Líricos griegos. Elegíacos y yambógrafos arcaicos, Siglos VII-V a.C., 2 vols., ed. y trad.
de Francisco R. Adrados (Madrid, CSIC, 1990), 204.

gina 259, equivocando con Minerva a Isis[94], a quien los autores antiguos han nombrado con grandísima diversidad. Apuleyo la llama *Rhea, Venus, Diana, Bellona, Ceres, Iuno, Proserpina, Hécate y Ramnusia*[95]. Diódoro Sículo dice que Isis es la que llamaron Luna, Juno y Ceres[96]. Macrobio afirma no ser sino la Tierra, o la Naturaleza de las cosas[97]. Pero entre tanta diversidad de opiniones no será difícil de averiguar quién sea esta tan repetidas veces mencionada Isis, valiéndonos de lo que acertadamente escribió Jacobo Bolduc en su singular tratado *De Oggio Christiano*, Libro 2, capítulo I, y presuponiendo haber dado los antiguos a la sabiduría diversas apelaciones, originadas todas de haber algunos fingido, para dar autoridad a su doctrina, algunas diosas asistentes suyas a cuya dirección decían deber lo que de las ciencias alcanzaban, como fue la Egeria de Numa, la Urania de Avito, la Eunoia de Simón Mago: así dieron también nombre de diosa a la sabiduría los que fueron eminentes en ella[98]. De donde trae el origen *Seme-*

---

[94] *equivocando:* «confundiendo, identificando» (Salceda).

[95] *Apuleyo la llama...:* véase Apuleyo, *La metamorfosis o El asno de oro,* 11.

[96] *Diódoro Sículo dice...:* véase Diodoro de Sicilia, ob. cit.: Isis como Luna (1, 11, 4); como Juno (1, 13, 4); como Ceres (1, 13, 5).

[97] *Macrobio afirma...:* véase Macrobio, *Saturnalia* (1, 20, 18).

[98] *la Egeria de Numa...:* Octavio Paz escribe lo siguiente en torno a estas figuras citadas por Sor Juana: «No deja de ser extraordinario que sor Juana cite entre los antiguos nombres de la sabiduría a nadie menos que a la consorte de Simón Mago, un personaje descrito como un impostor en los *Hechos de los Apóstoles* y al que varios autores cristianos y Padres de la Iglesia —Justino Mártir, Hipólito, Ireneo, Tertuliano— pintan con tinta negra y cubren de invectivas. Sor Juana no podía ignorar que la mujer del gnóstico Simón se llamaba Helena y que él la había recogido en un burdel de Tiro; en el cuerpo de la prostituta se había refugiado, decía Simón, la caída Ennoia (Eunoia), esto es, la Sapiencia divina. No menos sorprendente es que sor Juana —coincidiendo en esto con los gnósticos y los herméticos— atribuya un sexo al Espíritu y que ese sexo sea precisamente el femenino. En efecto, como *sophía* (sabiduría), las palabras *ennoia* y *epinoia,* frecuentemente usadas por los gnósticos y que significan pensamiento e idea, son femeninas. La idea de una naturaleza caída es común al gnosticismo y al cristianismo pero en el primero aparece un elemento esencialmente extranjero a la visión cristiana del universo: la creencia en un Espíritu femenino. El gnóstico ve al mundo en parejas, todas ellas derivadas de un doble principio: *nous* (mente, espíritu) y *epinoia* o *ennoia* (pensamiento). Por eso se ha dicho que la gnosis puede verse como "un grandioso misterio sexual"». Sor Juana conoció estas ideas indirectamente, a través de los

les, nombre con que significaron la doctrina de Sem, hijo de Noé, y el primero que después del diluvio tuvo escuela pública donde se profesaron las ciencias. En los cuales principios fundado el referido Bolduc, pasa a investigar el origen que pudo tener esta palabra Isis y en el citado lugar, después de bien fundados discursos dice: «*A Misrain, et Heber, primis Aegyptorium Ductoribus, illustrissimisque viris Divina Sapientia, seu de Religione doctrina, ex duplicato nomine Hebreo Is, quod est Vir, ISIS videtur appellata*»[99]. Con que de *Misrain* y *Heber,* primeros fundadores de Egipto y principales autores de las ciencias, tuvo la sabiduría esta nomenclación de Isis entre los varios nombres que le dieron los antiguos, como ella misma dijo de sí en boca de Afranio, *in [S]ella:*

> *Usus me genuit, Mater peperit memoria;*
> *Sophiam vocant me Graeci, vos Sapientiam*[100].

Pero este nombre de Isis no fue de sabiduría como quiera, sino de la de Heber, de Misrain, como el mismo Bolduc explicó, capítulo 5: «*Ita ut vacca, quae Isidem, sea divinam Sapientiam significat, duorum vivorum, qui primi post diluvium fuerunt in Aegypto chiliarchi, nempe Misrain, et Heber, aliquibus notis distingueretur ab illa quae postea fuit*»[101]. Declarando bastantemente ser

---

tratados sincretistas de mitología, los libros del padre Kircher y otras obras más o menos tocadas por las especulaciones del hermetismo neoplatónico. Así, afirma que la sabiduría es de esencia femenina y, sin decirlo expresamente, insinúa que lo que llamamos espíritu o idea también es femenino»; Octavio Paz, *Sor Juana Inés de la Cruz o Las trampas de la fe,* 6.ª ed. (Barcelona, Seix Barral, 1998), 230-231.

[99] *A Misrain...:* «Parece que se la llama Isis por la duplicación de la palabra hebrea *Is,* que significa "varón", a partir de Misraím y Eber, primeros generales de los egipcios y varones muy insignes en la ciencia divina, o doctrina sobre la religión». Traducción de Cecilia Criado.

[100] *Usus me genuit...:* «El uso me engendró, la memoria me parió como madre; los griegos me llaman *Sophia,* y vosotros *Sapiencia*»; Afranio, *Sella,* 298R. Sor Juana probablemente encontró este fragmento citado en las *Noches áticas* (13, 8, 3) de Aulo Gelio, texto nombrado en su *Respuesta a Sor Filotea.*

[101] *Ita ut vacca...:* «Así que esta vaca que significa Isis o divina Sabiduría, se distinguiría de aquella que existió después por mor de algunos rasgos de los seres vivos que después del diluvio fueron en Egipto los primeros quiliarcas, es decir Misraím y Eber»; traducción de Cecilia Criado.

lo mismo *Misrain* que Isis, cuando ésta representaba sólo a la sabiduría. Con lo cual me parece haber probado bastantemente que Neptuno, así por herencia como por propria y personal ciencia, fue sabio. Y como de esta prenda en los príncipes dependan todas las demás, pues dice el filósofo[102]: «*Ubi praeses fuerit Philosophus, ibi civitas est felix*»[103], me he detenido más en su prueba, no sólo porque según la conexión de las virtudes es prueba el tener una de tenerlas todas, como lo dijo con elegancia Lucio Floro: «*Virtutes sibi invicem sunt connexa: ut, qui unam habuerit, omnes habeat*»[104], sino porque la sabiduría es la más principal, como raíz y fuente de donde emanan todas las otras, y más en un príncipe que tanto la necesita para la dirección del gobierno, pues pudiera muy bien la república sufrir que el príncipe no fuera liberal, no fuera piadoso, no fuera fuerte, no fuera noble, y sólo no se puede suplir que no sea sabio; porque la sabiduría, y no el oro, es quien corona a los príncipes. Demás que nuestro Neptuno tuvo éstas y muchas más virtudes en excelente grado como adelante se verá. Fue por extremo valeroso y magnánimo, como se conoce en haber sido el primero que para el uso de la guerra redujo a sujeción la ferocidad del caballo, como lo dice Cartario, por lo cual dice que fue llamado *ecuestre*, y cita a Diódoro, diciendo: «*Diodorus Siculus scribit, Neptunum primum omnium equos domuisse, artemque equitandi docuisse, hincque factum esse, ut Equestris appellaretur*»[105]. Y trata en este lugar muy a lo largo de cómo por esta causa le celebraban los romanos los juegos circenses, y cómo era adorado con el nombre de *Conso* (como ya queda dicho arriba) y dice cómo en Roma había dos banderas en tiempo de guerra: una púrpura[106]

---

[102] *el filósofo:* Aristóteles.

[103] *Ubi praeses...:* «Donde rija un filósofo, allí será feliz la ciudad».

[104] *Virtutes sibi...:* «Las virtudes se han relacionado entre sí de tal manera que el que tiene una las tiene todas». Aunque Lucio Floro no escribiera nada similar a esta afirmación, otros autores clásicos y cristianos sí lo hicieron, entre otros: Cicerón, *De oficiis* (2, 35); San Jerónimo, *Dialogus adversus pelagianos* (1, 19); o Santo Tomás de Aquino, *Catena áurea in Lucam* (6, l. 5).

[105] *Diodorus...:* «Diodoro de Sicilia [5, 69, 4] escribe que Neptuno fue de todos el primero en domar caballos y en enseñar el arte de la equitación, y que de ahí resultó que fuese llamado "ecuestre"»; Cartari, 171.

[106] *púrpura:* roja; «Por metonimia se toma por la dignidad Real» (DA).

de la infantería, y otra cerúlea[107] para los de a caballo, porque éste es el color del mar cuyo rey es Neptuno en cuya tutela estaba la caballería. Inventó también el arte de la navegación para conducir por el mar sus armadas, como lo dice Natal con la autoridad de Pausanias, *Mitología*, Libro 2, folio 163: «*Memoriae prodit Pausanias in Arcadicis Neptunum primum equitandi artem invenisse, quod etiam Pamphi antiquissimi hymnographi testimonio comprobatur, qui Neptunum equorum rostratarumque et turritarum navium largitorem Vocavit*»[108], y cita a Sófocles para comprobarlo, y también estos versos:

> *Munus magni daemonis dicere*
> *Gloriam maximam,*
> *Equ[i]s, pullis, mari, bene imperitantem.*
> *O Fili Saturni, tu enim ipsum in*
> *Hanc ducis gloriam, Rex Neptune*
> *Equis moderans fraeno*[109].

Lo mismo se infiere del himno de Homero tan repetido de todos los mitológicos donde dice ser estas dos sus principales ocupaciones:

---

[107] *cerúlea*: «Cosa perteneciente al color azul: y con más propiedad al que imita al color del Cielo, cuando está despejado de nubes: que también se extiende al de las ondas que hacen las aguas en estanques, ríos o mar» (DA).

[108] *Memoriae prodit...*: «Recordó Pausanias en *Los asuntos de Arcadia* que Neptuno fue el primero que descubrió el arte de la equitación, lo que también se comprueba por el testimonio del muy antiguo himnógrafo Panfo, quien llamó a Neptuno generoso dador de caballos y de las naves rostradas y provistas de torres»; Conti, 149 («Sobre Neptuno»). Sin embargo, Conti confunde aquí *Los asuntos de Acaya* (7, 21, 8) con los de *Arcadia*. Pausanias cita a Panfo en el siguiente verso (7, 21, 9). Vitoria sigue a Conti: «Pero Natal Comite afirma que le crió su hermana la diosa Juno. En creciendo Neptuno fue muy valeroso, de grande ánimo y osadía, y como dice Pausanias, él fue el primero que domó caballos, y anduvo a caballo»; Vitoria, I, 233 («Neptuno»).

[109] *Munus magni...*: «[Debo] hablar del regalo de un dios excelso, gloria sin par que permite el buen gobierno de los caballos, potros y el mar. Oh hijo de Saturno, tú lo conduces a esta gloria, rey Neptuno, rigiendo con el freno los caballos»; Sófocles, *Edipo en Colono* (709-715), citado en Conti, 149 («Neptuno»). Sor Juana reproduce la errata de Conti al poner «*equus*» en vez de «*equis*». La traducción del griego reza así: «Decir del regalo de un gran dios, el de mayor brillo: rico en corceles, de buenos potros, tener el dominio del mar. ¡Oh hijo de Crono! Pues tú te asentaste en esta gloria, soberano Posidón, al instituir por primera vez en este país el freno que domina a los caballos»; Conti, *loc. cit.*

Tuvo varios nombres en los antiguos por diversos aconteci-
mientos, como refiere el mismo Natal y otros autores de los
cuales referiré algunos, como son: *«Taenarius, Phitalmius, Heli-
conius, Temenius, Onchestus, Speculator, Natalitius, Hippocurius,
Crenesius, Gaeochus, Domatit[e]s, Pater, Rex, Aegaeus, Taraxippus,*
Cartario lo llama *Comes, Equestris, Terriquassator, Consus, Har-
pocrates»*[111], y otros muchos que dejo por evitar prolijidad.
Éranle dedicados los edificios por haber edificado los muros
de Troya, como se dirá adelante y lo afirma Cartario, folio 173,
tratando de las cosas que a cada dios dedicaban los antiguos:
*«Sciendum est, apud veteres urbium portas Iunoni, arces Minervae,
moenia atque fundamenta Neptuno fuisse sacra»*[112].

Ya me parece que está acabado el trasunto de nuestro hé-
roe, y aunque iluminado de tan regios colores y formado de
tan divinas líneas, ¿quién duda que distará mucho de la per-
fección de su original? Pero como quiera que es preciso cote-
jarlo, veamos la similitud que se halla entre los dos para que

---

[110] *Bina tibi...*: «Dos dones te dieron, oh Neptuno, los dioses: domar caba-
llos y gobernar naves que surcan el cerúleo»; *Himno homérico*, 22, 4-5 («A Po-
seidón»). Conti cita estos versos y los traduce al latín que figura aquí, con la
excepción de la penúltima palabra, que reza *«marmora»* y no *«caerulea»;* Conti
(ed. latina), 87. Vitoria cita estos dos versos siguiendo el latín de Conti (citado
al margen), pero cambiando *«marmora»* por *«murmura»*, y los traduce así: «Dos
cosas, o Neptuno, singulares / De ti sólo los hombres certifican, / Enfrenar los
caballos, y en los mares, / Las naves que los sulcan santifican [sic]»; Vitoria, I, 314
(«Neptuno»). La traducción del griego reza así: «A ti, sacudidor de la tierra, los
dioses te dieron un doble honor, ser domador de caballos y salvador de na-
ves»; Conti, 151 («Sobre Neptuno»).
[111] *como refiere el mismo Natal...*: Conti, 152 («Sobre Neptuno»). *Taenarius:*
«del Ténaro» (Laconia); *Phytalmius:* «nutridor»; *Heliconius:* «de Hélice» (Aca-
ya); *Onchestius:* «de Onquesto» (Beocia); *Hippocurius:* «Señor de los caballos»;
Gaeochus: «el que sacude la tierra»; *Domatites:* «de la casa»; *Pater:* «padre»; *Rex:*
«rey»; *Aegaeus:* «de Egea»; *Taraxippus:* «el que espanta a los caballos». El epíte-
to *Aegaeus* figura en la *Eneida* de Virgilio (3, 74), los demás figuran en la *Des-
cripción de Grecia* de Pausanias *(passim)*.
[112] *Sciendum est...*: «Ha de saberse que entre los antiguos las puertas de las
ciudades estaban consagradas a Juno, las fortalezas a Minerva, los muros y ci-
mientos a Neptuno»; Cartari, 173. Sor Juana altera el orden de las dos prime-
ras palabras.

DE SATVRNO.

Primus ab ætherio venit Saturnus Olympo,
Arma Iouis fugiens, & regnis exsul ademptis.
Is genus indocile, ac dispersum montibus altis
Composuit, legesque dedit, Latiumque vocari
Maluit, his quoniam latuisset tutus in oris:
Aureaque (vt perhibent) illo sub rege fuere
Sæcula: sic placida populos in pace regebat.

C 3

«Saturno», en Cartari, 21.

se honren estos colores mitológicos de haber, con sus simbólicas líneas, figurado tanto príncipe. Lo primero es nuestro heroico marqués, hijo de Saturno, el más poderoso de los dioses y padre de todos; así lo dice Virgilio:

Primus ab aetherio venit Saturnus Olympo[113].

Lo mismo sienten los griegos, y Natal dice haberlo dicho la Sibila Eritrea:

Primus mortales inter Saturnus at olim Regnavit[114].

¿Qué otra cosa es ser hijo de Saturno que ser hijo de la real estirpe de España de quien descienden tantos reyes que son deidades de la tierra? Es también su excelencia hijo de Isis, esto es, de la sabiduría del señor rey don Alonso, el Sabio por antonomasia[115], llamado así por la excelencia de sus estudios, especialmente matemáticos; Misrain español, a cuyos compases parece que obedecía el curso de las estrellas. Expresólo con elegancia el Apolo andaluz don Luis de Góngora en una octava que empieza:

---

[113] *Primus ab aetherio...*: «Saturno vino el primero desde el etéreo Olimpo»; Virgilio, *Eneida* (8, 319), citado en Conti, 91 («De qué clase fueron los dioses entre sí»). Vitoria escribe: «Y tratando de Saturno, digo, que muchos tuvieron a éste por padre de todos los dioses. Así lo dice Virgilio, y refiérelo Vincencio Cartario», y luego cita los dos primeros versos de este pasaje de Virgilio, con el cual Cartari abre su capítulo sobre Saturno (véase imagen); Sor Juana sólo reproduce el primero; Vitoria, I, 3 («Saturno»).
[114] *Primus mortales...*: «Pero el primero que reinó antiguamente entre mortales fue Saturno»; Conti, 116-117 («Sobre Saturno»); la traducción del griego reza así: «Crono reinó primero sobre los hombres que viven en la tierra»; Conti, *loc. cit.* Vitoria escribe: «Lo mismo sintieron los griegos, diciendo que él [Saturno] era el principio y origen de todos los dioses. Así lo afirman Macrobio, y la Sibila Eritrea, dice Natal Comite, haber dicho que fue el primero que reinó en el mundo», seguido por la cita de Conti que Sor Juana reproduce aquí; Vitoria, I, 3 («Saturno»).
[115] *Es también...*: Salceda cita el romance de Sor Juana «Al privilegio mayor» (núm. 64, vv. 29-36), en el que la autora llama al marqués: «el descendiente glorioso / de aquel Rey a quien veneran / por el Fuerte, las Campañas, / por el Sabio, las escuelas: / de aquel Alfonso el famoso, / a quien el siglo respeta, / en quien la Sabiduría / fue mayor que la grandeza».

Aquel Alonso, digo, coronado
de honores más que esta montaña estrellas,
nunca bastantemente celebrado,
aunque igualmente venerado de ellas[116].

Concordando aun en este género de estudio con los egipcios, pues ellos fueron los primeros que observaron los movimientos de los cuerpos celestes y enseñaron al mundo la astrología. Es también su excelencia hermano de Júpiter, rey del cielo, esto es, del señor duque de Medina *Coeli*[117], a quien por suerte cupo este estado de cielo; con razón llamado Júpiter, pues el nombre de éste se dijo *a iuvando,* como dice Marciano Capella: «*Et nos a iuvando Iovem dicimus*»[118]. ¿Qué más ayuda que un valido Alcides[119], que alivia al monarca español del peso de la esfera de tan dilatado gobierno? Cupo a Neptuno en suerte el mar (como ya queda dicho) con todas las islas y estrechos. ¿Qué otra cosa fue esto que ser su excelencia *marqués de la Laguna,* general del mar océano con todos los ejércitos y costas de Andalucía? ¿Ni que otra cosa fue ser titular de los edificios y llamado *comes*[120], que ser *conde de Paredes?*

---

[116] *Aquel Alonso...*: nota al margen: «Góngora, en el Arco de Guadalupe». El poema, que hoy no se considera de Góngora, está incluido entre sus poemas en *Poetas líricos de los siglos XVI y XVII,* vol. 1, ed. de Alfonso de Castro, BAE, 32 (Madrid, 1872), 546; el editor incluye esta nota introductoria: «Viniendo de Portugal el rey don Felipe III, año de 1619, llegó a Guadalupe, y a la entrada de la iglesia había un arco triunfal bien adornado, y en lo más alto una nube, la cual fue bajando cuando su majestad llegó, y abriéndose, se descubrió la Justica y la Religión, y dijeron estos versos alternativamente» (545). El poema también se incluye en el «Índice de romances atribuibles a Góngora y que no figuran en la presente edición», en Luis de Góngora, *Romances,* ed. de Antonio Carreño, Letras Hispánicas, 160 (Madrid, Cátedra, 1988), 481.

[117] *coeli:* «del cielo». Se trata de Juan Francisco Tomás de la Cerda y Enríquez (1637-1691), VIII Duque de Medinaceli, valido de Carlos II y hermano del Marqués de la Laguna.

[118] *Et nos...*: «Lo llamamos Jove del verbo *iuvare*». Según me ha explicado Cecilia Criado, aunque en apariencia el verbo *iuvare* («ayudar») y el sustantivo *Iovem* («Jove») tengan la misma raíz, en realidad se trata de una falsa etimología. El pasaje de Marciano Capella reza así: «*et nos a iuvando Iunonem, unde et Iovem dicimus*» («de "ayudar" a Juno, lo llamamos Jove»), *De Nuptiis Philologiae et Mercurii* (2, 144).

[119] *Alcides:* Heracles (Hércules). La frase se refiere al undécimo de los doce trabajos de Hércules, a saber, el robo de las manzanas de las Hespérides.

[120] *comes:* «compañero», y de esta voz latina viene «conde» en español.

Inventó el arte de andar a caballo Neptuno, o crió a este gallardo bruto, según Virgilio, *Geórgicas,* Libro I:

> *Cui prima frementem*
> *Fudit equum magno tellus percussa tridente*[121].

Y dice Andrés Alciato, 72, que *marchio,* o *marqués* es vocablo céltico que significa el capitán o perfecto[122] de los caballeros, porque según el uso de aquella región se llama el caballo *marchia,* y los franceses dicen *marchar* por andar a caballo, y aun entre nuestros españoles está ya muy recibido, especialmente en la milicia. En Francia e Italia en tiempo de los longobardos significó *marqués* lo proprio que caballerizo del rey, aunque después se les dio jurisdicción propia. Y dejando aparte otras etimologías del nombre de *marqués,* como que venga de *mare,* dicción latina u de *marchgraph,* palabra tudesca, por no hacer a mi propósito y haber tantos autores que tratan de esto, donde los podrá ver el curioso, ya hemos visto que ser *marqués* no es otra cosa que ser perfecto y señor de la caballería y del arte de andar a caballo, como lo fue Neptuno. Y aun parece que porque no le faltase circunstancia de dominio sobre este generoso bruto quiso el cielo, no sin especial providencia, dar al señor infante don Fernando de la Cerda, hijo del señor rey don Alonso el Sabio y de la señora reina doña Violante, y esclarecido ascendiente de nuestro príncipe, aquella prodigiosa de la *cerda* (como refiere el padre Mariana[123] y otros coronistas) de donde tuvo origen este gloriosísi-

---

[121] *Cui prima...:* «[Y tú, Neptuno,] en cuyo honor la tierra herida por tu gran tridente brotó al punto el relinchante caballo»; Virgilio, *Geórgicas* (1, 12-13), en *Bucólicas. Geórgicas. Apéndice Virgiliano,* ed. y trad. de Tomás de la Ascensión Recio García y Arturo Soler Ruiz, BCG, 141 (Madrid, Gredos, 1990), 258. Vitoria, en su discusión sobre la competición entre Neptuno y Minerva, incluye la referencia a este pasaje de Virgilio en una nota al margen; Vitoria, II, 264 («Minerva»). En su discusión sobre Neptuno en *Aerarium poeticum,* Melchior Weinrich cita estos versos pero sin aludir a Virgilio; véase Melchior Weinrich, *Aerarium poeticum,* 7.ª ed. (Fráncfort, 1677), 177v.

[122] *perfecto:* prefecto; «lo que tiene el grado mayor de excelencia o bondad en su línea» (DA).

[123] *como refiere el padre Mariana:* «El Padre Mariana *(Historia General de España,* XIII, 9) dice: "La esterilidad de la reina doña Violante se mudó en fecun-

Juan Francisco de la Cerda, VIII Duque de Medinaceli (c. 1670), de Claudio Coello (Museo Nacional de Arte de Cataluña).

mo apellido, poniéndole Dios aquella señal, como marcándole con ella por señor de toda la caballería: título que por tantos motivos puede obtener nuestro glorioso héroe. Ya también queda probado ser las *vacas* como divisa y empresa de Isis, por las razones dichas; y no menos lo son de nuestro príncipe, pues son armas del gran estado de Fox, en Francia, de cuya nobilísima casa desciende por línea paterna. Y así dice Aro en su *Nobiliario*[124], que cuando murió el señor mosén Bernardo de Bearne, primer conde de Medina Celi, que casó con la señora doña Isabel de la Cerda, señora del Puerto de Santa María, pusieron sobre su sepulcro las dos vacas, armas de su gloriosa casa. Ya también queda probado ser lo mismo *Neptuno* que *Conso,* y que éste se dijo «*a consilio, vel consilijs*»; y no cualquier consejo sino *Consejo de Guerra,* como se colige de las palabras de Cartario: «*Plutarchus refert, cuiusdam Dei aram conditam sub terra[m] in Circo invenerat; eique Deo indidit nomen Conso, sive a consilio, quod Consiliarius foret; quare ad eius Aram aditus nu[m]quam patefiebat, praeterquam Ludorum Circensium diebus. Quod effecit, vt Neptunus idem ac Consus crederetur*»[125]. Y siendo estos juegos de tanto peligro y para ejercitar

didad, tanto que parió muchos hijos a su marido. Éstos fueron: doña Berenguela, doña Beatriz, *don Fernando, por sobrenombre de la Cerda, por causa de una muy señalada y larga con que nació en las espaldas,* don Sancho, don Pedro, don Juan, don Diego, doña Isabel y doña Leonor. Todos éstos tuvo el rey don Alonso en la Reina» (Salceda).

[124] *Y así dice Aro...:* «Dejó el Conde Mosén Bernardo de Bearne en la Condesa doña Isabel de la Cerda su mujer a su único hijo y heredero de su casa y estado don Gastón de la Cerda. Fueron sepultados estos primeros Condes Mosén Bernardo, y la Condesa doña Isabel de la Cerda su mujer en la capilla mayor del Real monasterio de Santa María de Cantabos del lugar de Huerta en la raya de Aragón, que es de la Orden de Cistel, en cuyo sepulcro se ven esculpidas las armas de las dos vacas que traía este Conde, como originario de la casa y linaje de Fox, y las de la Cerda de la Condesa su mujer, que quedaron en sus descendientes, como se ven estampadas en el escudo de este título»; Alonso López de Haro, *Nobiliario genealógico de los reyes y títulos de España* (1, 11), vol. 1 (1622; Ollobarren, Navarra, Wilsen Editorial, 1996), 79.

[125] *Plutarchus refert...:* «Plutarco refiere que [Rómulo] había encontrado un altar de algún dios escondido bajo tierra en el Circo y lo había endonado al dios Conso, que deriva de "consejo", pensando que era el Consejero; y por esta razón a nadie le estaba abierto el paso nunca a este altar, si no es en los días de los juegos circenses. Lo cual dio por resultado que se pensara que Nep-

las fuerzas para la campaña, ya se ve qué sería el Consejo de Guerra. El modo con que se jugaban era poniéndose a la ribera del río, y de la otra parte ponían espadas desnudas. Así lo dice Servio comentando a Virgilio en el verso:

Centum quadriiugos agitavo ad flumina currus[126].

«*Olim enim in littore fluminis Circenses agitabantur: in altero latere positis gladiis, ut ab utraque parte esset ignaviae praesens periculum; unde et Circenses dicti sunt, quia exhibebantur in circuitu ensibus positis*»[127]. En los cuales tenían sumo peligro los que jugaban, como dice Virgilio, que era más un combate sangriento que no fiesta pacífica, diciendo:

Iamque humiles, iamque elati sublime videntur
Aera per vacuum ferri, atque assurgere in auras.
Nec mora, nec requies: at fulvae nimbus arenae
Tollitur; humescunt spumis, flatuque sequentum.
Tantus amor laudum, tantae est victoria curae[128];

---

tuno y Conso eran el mismo»; Cartari, 171. Sor Juana omite una frase del texto de Cartari, quien a su vez omite una parte del texto de Plutarco, dejando así lo que Salceda denomina un texto «mutilado». La traducción del pasaje de Plutarco *(Vida de Rómulo,* 14, 3) reza así: «Primero se divulgó por él la noticia de que había encontrado un altar de cierto dios escondido bajo tierra. Daban al dios o bien el nombre de Conso, porque era Consejero (pues *consilium* llaman todavía hoy al «consejo» y a los magistrados supremos *consules*, o sea, «consejeros»), o el de Posidón, patrono de los caballos. Pues precisamente su altar está, en medio de los hipódromos, oculto el resto del tiempo y al descubierto en las carreras de caballos»; Plutarco, *Vidas paralelas,* vol. 1, ed. y trad. de Aurelio Pérez Jiménez, BCG, 77 (Madrid, Gredos, 1985), 232-233.

[126] *Centum quadriiugos...:* «Daré la señal junto a la orilla a cien carros cuadriyugos»; Virgilio, *Geórgicas,* ed. cit., 325.

[127] *Olim enim...:* «Pues en otro tiempo los juegos circenses se ejecutaban en la orilla del río, siendo colocadas espadas en la margen opuesta para que de un lado y de otro hubiera firme persuasión de cobardía. Y por ello se llamaron Circenses, porque se celebraban en un espacio circular rodeado de espadas»; Servio *(Geórgicas* 3, 18). En definitiva y como me ha explicado Cecilia Criado, Servio hace derivar etimológicamente *circenses* de *circuitus* («espacio circular») y *enses* («espadas»).

[128] *Iamque humiles...:* «Tan pronto aparecen pegados al suelo, tan pronto levantados, conducidos en alto por el vacío espacio y remontando los aires; no

porque no faltase ni aun este título de consejero de guerra a Neptuno.

Y no sé qué mayor pueda ser la conexión pues hasta [en] los clarísimos apellidos de su excelencia se hallan significaciones marítimas, cuales son: *Porto-Carrero* y *Ribera;* y en su ilustre nombre de Tomás, que es lo mismo que *Didimus, vel Gemelus*[129], se halla la unión con su excelentísimo hermano, semejante a la que tuvo Neptuno con Júpiter, que parecían de un parto, pues partiendo tantos y tan poderosos imperios, no se lee que tuviesen la menor discordia, cuando la ambición de reinar no ha guardado jamás fueros a la sangre ni ha admitido compañía en el dominio; por lo cual dijo Aristóteles: «*Non est bonum pluralitas [principatuum]*»[130]. Y sólo en la conformidad de estos hermanos se halló: porque el amor los hacía ser uno solo, como significa su nombre *gemelus*. Finalmente tuvo Neptuno en lugar de cetro, el tridente, con que regía las aguas, de quien dice Cartario que significaba los tres senos del Mediterráneo, o las tres cualidades del agua: «*Alii* (dice) *ad triplicem aquarum naturam referunt: fontium enim sunt dulces, marinae salsae, quae autem in lacubus continentur, non*

---

hay tregua ni descanso, sino que se levanta una nube de rojiza arena; se humedecen con las espumas y resuello de aquellos que les siguen; tan grande es el amor de la gloria, tanto les preocupa la victoria»; Virgilio, *Geórgicas* (3, 108-112), ed. cit., 330.

[129] *Tomás...*: en el *Evangelio de San Juan* se refiere al apóstol como «Tomás, llamado el Dídimo» (11, 16; 20, 24 y 21, 2). *Tomás* significa *gemelo* en arameo *(tau'ma)* y *Dídimo* tiene el mismo significado en griego *(didimos)*. Salceda cita los siguientes versos de Sor Juana (núm. 13, vv. 33-36): «pues llamándoos Tomás, que es / *Gemellus,* quiso acertado / que no se llame como uno / el que ha de valer por tantos».

[130] *Non est bonum...*: «No es un bien la pluralidad de gobiernos»; Aristóteles *(Metafísica* 12, 1076a), quien a su vez repite la frase de Homero *(Ilíada* 2, 204). Vitoria escribe: «Mas como esto de reinar no quiere compañía, ni aun conviene en razón de buen gobierno, como lo dice Aristóteles: *Non est bonum pluralitas principantium*»; Vitoria, I, 7 («Saturno»). Francisco Suárez ya había traducido esa frase de Aristóteles en sus *Disputaciones metafísicas* (29, 2, 5), y la comenta en el capítulo 10 de su comentario sobre la *Metafísica* de Aristóteles *(Index locupletissimus in Metaphysicam Aristotelis);* véase Francisco Suárez, *op. cit.,* 296. En los dos casos, Suárez da *«principatuum»* y no *«principantium»*, como dan erróneamente Vitoria y Sor Juana.

Neptuno guiando caballos de mar (c. 1502-1504), de Leonardo da Vinci
(Londres, The Royal Collection).

sunt amar[ae] illae quidem, sed gustatui sunt ingratae[131]. Pero Ascensio, comentando a Virgilio, dice que significaba el tridente la potestad de Neptuno: «*Ut significetur triplex Neptuni Potestas; sicut fulmen trisulcum triplicem Iovis potestatem; et cerberus triceps Plutonis indicat*»[132]. Lo mismo representa el bastón en los señores virreyes, en que se cifra [la] civil, criminal y marcial potestad, a que corresponden los títulos de virrey y gobernador, capitán general y presidente de la Real Audiencia que su excelencia obtiene y goce por largos siglos.

Ideóse con estos fundamentos el Arco Triunfal que erigió a su feliz entrada el obsequio de esta santa iglesia metropolitana en una de las puertas de su magnífico templo que mira a la parte occidental, en el costado derecho, por donde se sale a la Plaza del Marqués[133]; desahogando en lenguas de los pinceles sus bien nacidos efectos y ordenando con tan hermosa máquina la puerta que prevenía a tanta dicha[134]: manifestando en ella los cordiales regocijos con que recibía a su pacífico Neptuno que después de tantos marciales trofeos viene a enriquecernos de políticas felicidades y a que le veamos, como dijo Góngora:

> En lauro vuelto el tridente,
> los rayos en resplandores[135].

---

[131] *Alii ad triplicem...*: «Otros lo relacionan con la triple naturaleza de las aguas: pues las de las fuentes son dulces; las del mar son saladas, y las que contienen los lagos no son realmente amargas sino poco gratas al paladar»; Cartari, 163.

[132] *Ut significetur...*: «Para dar a entender la triple potestad de Neptuno; como el rayo tripartido, la triple potestad de Júpiter y el tricápite Cerbero la de Plutón»; Jodocus Badius Ascensius, *P. Virgilii Maronis, poetae Mantuani, universum poema* (Venecia, 1558). Nota al margen: «*Geórgicas, 1*».

[133] *Plaza del Marqués:* «hoy calle del Monte de Piedad, llamada así por quedar frente a la casa que hoy ocupa el Nacional Monte de Piedad y fue propiedad de Cortés, Marqués del Valle de Oaxaca» (Salceda).

[134] *puerta que prevenía...*: «puerta que preparaba para recibir tan gran dicha» (Salceda).

[135] *En lauro vuelto...*: éstos son los versos 15-16 del poema apócrifo de Góngora sobre el Arco de Guadalupe citado en la nota 116 *supra*.

Erigióse en treinta varas[136] de altura la hermosa fábrica a quien en geométrica proporción correspondían diez y seis de latitud, feneciendo su primorosa estructura en punta diagonal; compúsose de tres cuerpos, en que estaban por su longitud repartidas tres calles[137], en que (quedando libre la capacidad de la portada) se formaban tres tableros[138]. El primer cuerpo fue de obra corintia[139], fundamentada sobre diez pedestales que se manifestaban por sus resaltos con sus intercolumnios[140], las columnas fingían ser de finísimo jaspe[141], y el [z]oclo[142], corona[143], cornisa[144] y collarín[145] de bronce, con seis tarjas[146] de

---

[136] *vara:* «medida de longitud empleada hasta el establecimiento del metro y todavía en algunos sitios, equivalente a 835,9 mm» (MM). 30 varas = 25.077 metros de altura; 16 varas = 13.374 metros de ancho *(de latitud).*

[137] *cuerpo... calle:* las palabras «cuerpo» y «calle» en este contexto se refieren a términos técnicos que se usa frecuente en el diseño y construcción de retablos. Generalmente los retablos se subdividen en *calles* verticales y *cuerpos* horizontales o pisos. Hay una relación evidente entre el arte de los retablos y el arte efímero de los arcos triunfales.

[138] *tablero:* «Superficie plana saliente, con el borde liso o con molduras, puesta como decoración en alguna parte de un edificio» (MM).

[139] *corintia:* «Se aplica al capitel ornamentado con hojas de acanto, así como a la columna que lo lleva y al orden de arquitectura clásica en que se usaba» (MM).

[140] *intercolumnio:* «Espacio entre dos columnas» (MM).

[141] *jaspe:* «Piedra manchada de varios colores, especie de mármol, capaz de pulimento, que se distingue por el color principal, y que es como campo de los otros» (DA); «Mármol veteado» (MM).

[142] *zoclo:* zócalo: «La parte cuadrada del basamento, que se pone debajo del pedestal en la fábrica, para levantar la arquitectura» (DA).

[143] *corona:* «En la arquitectura es una de las partes de que se compone la cornisa: la cual está debajo del cimacio y la gola» (DA).

[144] *cornisa:* «El cuerpo superior de varias molduras donde termina el edificio, y que asienta sobre los capiteles de las columnas» (DA). «Conjunto de molduras que forma el remate superior de un edificio, debajo del tejado»; «En los edificios clásicos, ese mismo elemento formando la parte superior del entablamento, debajo del frontón» (MM).

[145] *collarín:* collarino: «El anillo que termina la parte superior de la columna y recibe el capitel» (DRAE, 1780); «Parte del fuste de la columna comprendida entre el astrágalo y el capitel» (MM).

[146] *tarja:* «un género de escudo o rodela que usaban los romanos, españoles y africanos, con que se cubrían todo el cuerpo» (DA). *tarjeta:* «Tarja pequeña en sentido de escudo. Tómase regularmente por la que se saca en las fiestas públicas por rodela, en que va pintada la divisa o empresa del caballero» (DA); «Adorno en relieve en el que va escrito algo o dibujado un emblema, un escudo, etc.» (MM).

lo mismo, sobre que se asentaban seis columnas de fingido jaspe, revestidas en el tercio de máscaras de bronce, con su plinto[147], basa[148] y capitel[149], el arquitrabe[150], triglifos[151] y collarín de lo mismo: frisos[152] y dentellones[153] de jaspe; cornisa, paflón[154] y volada de bronce.

El segundo cuerpo fue de orden compósito[155], con diez columnas de jaspe, revestidas en el tercio de laurel y variedades

---

[147] *plinto:* «El cuadrado sobre el que asienta el torés de la basa de la columna» (DA); «Basamento cuadrado de poca altura» (MM).

[148] *basa:* «El asiento que guarnece, y en que estriba y afirma la columna, estatua u otra cosa»; «En la arquitectura se llama así el cuerpo inferior de la columna y del pedestal» (DA). «Pieza de la columna sobre la que se apoya el fuste»; «Base de una columna o estatua» (MM).

[149] *capitel:* «En la arquitectura, escultura y pintura es la parte superior que corona la columna, y se divide según la variedad de sus figuras en tirio, toscano, dórico, jónico, corintio, compósito, gótico, atlántico y paranínfico» (DA); «Pieza decorada con molduras u otra cosa que remata la columna por la parte superior y sobre la que descansa el arquitrabe» (MM).

[150] *arquitrabe:* «El miembro inferior de la cornisa» (DA); «Parte inferior del entablamento, que descansa sobre las columnas o el muro» (MM).

[151] *triglifo:* «Miembro de [la arquitectura] que consta de tres canales, y se reparten en el friso de la columna del orden dórico» (DA); «Cada uno de los rectángulos salientes surcados por tres canales verticales o "glifos", que decoran el friso situado entre el arquitrabe y la cornisa en los edificios clásicos, alternando con las metopas» (MM).

[152] *friso:* «La parte que media entre el arquitrabe y la cornisa, donde suele ponerse follajes, triglifos y otros adornos» (DA); «Parte del cornisamento, generalmente decorada, que está entre el arquitrabe y la cornisa» (MM).

[153] *dentellón:* «Cierta especie de moldura que ordinariamente se pone debajo de la corona de la cornisa dórica. Llamóse así por ser a manera de dientes» (DA); «Cada parte saliente de la adaraja o corte de un muro en que se dejan enteras las piedras o ladrillos que sobresalen, en previsión de una prolongación» (MM).

[154] *paflón:* «El vuelo o salida plana que se da a la cornisa u otra moldura cuadrada, por la parte de abajo» (DA); «Superficie lisa en la parte inferior de una cornisa u otro elemento en voladizo» (MM).

[155] *compósito:* compuesto: «En la Arquitectura es el quinto orden. Llámase así por no ser otra cosa que una composición de los órdenes griegos, singularmente del jónico y corintio. Llámase también compósito» (DA). Sumamente influyente sobre el conocimiento arquitectónico en Europa y las Américas, tanto para la arquitectura como para el teatro, eran los escritos de Sebastiano Serlio (1475-1554) que integran su conocido *Tutte l'opere d'architettura y prospettiva*, publicado sobre un periodo de varios años, empezando con el libro 4 (sobre los órdenes arquitectónicos) en 1537, y el libro 3 (sobre los monumentos antiguos) en 1540. En 1552 se publica la traducción española de estos dos li-

Portada de la traducción española de la *Architettura,* de Sebastiano Serlio
(Toledo, 1552).

de joyas de bronce, con sus basas sobre la sotabanca[156] de jaspe: collarín, molduras, capiteles, triglifos, friso, cornisa y volada de jaspe. El tercero cuerpo se compuso de obra dórica[157] en que se veían seis bichas[158] pérsicas, cuerpo de bronce y pierna de jaspe; coronado de capitel compósito y corintio; paflón y arquitrabe de bronce, y friso de jaspe; dos frontis[159] en línea diagonal[160], y en medio, el escudo de las armas de su excelencia. A los lados, las entrecalles[161] con dos motilos[162] o arbotantes[163] de bronce y jaspe; [arquitrabe], friso y cornisa de lo mismo con sus frontispicios y cerca de los remates.

---

bros, con reimpresiones en 1563 y 1573; véase *Tercero y quarto libro de architectura de Sebastian Serlio Boloñes,* trad. de Francisco de Villalpando (Toledo, 1552). Serlio trata el orden compuesto en el libro 9, capítulo 4.

[156] *sotabanca:* sotabanco: «Término de arquitectura. Es una pieza de ella, que se fabrica sobre la cornisa, con su moldura y resalte para que reciba los arcos de la bóveda, y arrancando desde ella, sobresalgan y se vean enteramente los semicírculos, o medias esferas. Comúnmente se llama banco por la formación y figura que tiene» (DA); «Hilada de piedras colocada encima de la cornisa para elevar el arranque de los arcos» (MM).

[157] *dórico:* «Se aplica a uno de los órdenes de la arquitectura clásica griega caracterizado por su sencillez y majestuosidad, y a sus elementos. La columna dórica carece de basa, tiene el fuste acanalado y el friso presenta triglifos y metopas» (MM).

[158] *bicha:* «Ciertas figuras de hombres o de bestias que se rematan cuerpo abajo, cuando se fingen enteras, en otra forma de la que tuvieron al principio: como en follajes, peces o algún otro animal, según la idea que mejor o más proporcionada parece al pintor o escultor para mayor adorno de los lugares en que las emplea, que por lo ordinario suelen ser portadas de casas, grutas de jardines, y en la pintura en los cuadros de arquitectura» (DA).

[159] *frontis:* «Fachada o frontispicio de alguna fábrica u de otra cosa» (DA). *frontispicio:* «La fachada o delantera de un edificio u otra cosa» (DA); «Fachada monumental de un edificio»; «Remate superior en forma de triángulo de una fachada» (MM).

[160] *en línea diagonal:* «es decir un frontón roto, como explica Toussaint en su edición de la *Explicación del Arco,* pág. 16» (Salceda).

[161] *entrecalle:* «Espacio situado entre dos molduras» (MM).

[162] *motilo:* modillón: «Término de Arquitectura. Parte de la cornisa en el orden corintio y compuesto, que le sirve de adorno, pareciendo que la sostiene. Tiene por lo regular la figura de una S demasiadamente corva, y vuelta al revés» (DA).

[163] *arbotante:* «Es un mancho arrimado a una pared para detener el empujo de alguna bóveda o arco» (DA); «Arco que transmite a un contrafuerte el empuje de una bóveda, propio particularmente del estilo gótico» (MM).

114

La calle de en medio volaba a paflón en el primero cuerpo hundiendo los dos[164] con tres resaltos. En el segundo, con dos resaltos y cercha[165]. En el tercero, igual por coronación de los dos; adornando la arquitectura seis figuras brutescas[166] que distribuidas en todas las dos, sustentaban en bandas de varios colores el tarjón de su inscripción, y las otras cuatro asentadas sobre el paflón y banca[167] de los cuerpos. En cuya montea[168] se dio lugar a los ocho tableros en que se copiaron las empresas y virtudes del dios Neptuno, ideándose en ellas algunos de los innumerables elogios que así por su real ascendencia como por sus altas proezas e incomparables prendas se ha merecido el excelentísimo señor marqués de la Laguna, ostentando el Arco en los colores, en lo perfecto de las líneas, en los resplandores del oro que lo pulía a rayos, no ser menos que fábrica consagrada a tanto príncipe; llevándose sus inscripciones la atención de los entendidos, como sus colores los ojos de los vulgares, y el cordial amor y respeto de todos los dos retratos de sus excelencias en señal del que tiene a sus perfectos originales, que el cielo guarde, para que gocemos en ejecuciones los felices anuncios de su gobierno.

---

[164] *los dos:* «los otros dos» (Sabat).

[165] *cercha:* «Regla de madera delgada y dócil para que se pueda ajustar a una superficie cóncava. Es instrumento de arquitectura que sirve para tirar líneas en las bóvedas» (DA); «Armadura que sirve de soporte a un arco o bóveda mientras se construye» (MM).

[166] *brutesco:* «Término de pintura y arquitectura que vale lo mismo que imitación de cosas toscas e incultas: como breñas y grutas, de donde se deriva este término, que más propiamente se dice grutesco» (DA).

[167] *banca:* sotabanco (véase nota 156 *supra*).

[168] *montea:* «Llaman también los arquitectos la vuelta del arco, o semicírculo por la parte convexa» (DA); «Sagita de un arco o bóveda» (MM).

Inscripción

con que la santa iglesia metropolitana dedicó a su excelencia esta bre-
ve demostración de su encendido afecto. La cual se escribió en el tar-
jón que coronaba la portada, en la distancia que había desocupada
entre ella y el tablero principal

EXCELL.^{MO} PRINCIPI,
NOBILISSIMO HEROI D.D. THOMAE, Antonio, Lau-
rentio, Emanueli, de la Cerda, Manrique de Lara, Enriquez, Afan
de Ribera, Portocarrero, et Cardenas: Comiti de Paredes, Marchioni
de la Laguna,

NOBILISSIMO EQVESTRIS ORDINIS ALCANTA-
RAE, Comendatori de Moraleja, Supremi, et Maximi Senatus
Bellici Regio Consiliario: Aequitate, prudentia, et fortitudine
conspicuo: Praeclasimo Novae-Hispaniae Proregi: Meritissimo
eiusdem Generali Duci: Supremo item Regii Aeropagi Praesidi:
Belli, et Pacis Arbitro Potentissimo: Religione, Pietate, et Iustitia
celeberrimo.

Magnanimitate, Sapientia, et Fortitudine munitissimo: Omnium
virtutum dotibus ornatissimo: NEPTVNO suo tranquilissimo: Fa-
ventissimo Numini, Servatori Maximo, Protectori optimo Patri in-
dulgentissimo:

Metropolitana Imperialis Mexicana Ecclesia. Hunc obsequij, et
veri Amoris Obeliscum, hanc communis gaudii publicam Tesseram
hoc perennaturae felicitatis votum auspicatur.

Animo, Mente, et Corde promptissimo Erigit, Dicat, consecrat, Offert[169].

---

[169] *Excell.mo. Principi...* «Al Excelentísimo príncipe, héroe nobilísimo Señor don Tomás Antonio Lorenzo Manuel de la Cerda, Manrique de Lara, Enríquez, Afán de Ribera, Portocarrero y Cárdenas, Conde de Paredes, Marqués de la Laguna, nobilísimo Comendador de la Moraleja de la Orden de Caballería de Alcántara, Consejero Real del Supremo y Máximo Senado Bélico [i.e., Junta de Guerra]; ilustre por su equidad, prudencia y fortaleza; preclarísimo virrey de la Nueva España; dignísimo Capitán General de esta; Presidente Supremo de la Real Audiencia; árbitro potentísimo de Paz y Guerra; famosísimo por su religión, piedad y justicia; pródigo en magnanimidad, sabiduría y fortaleza; engalanado con las dotes de todas las virtudes; a su muy imperturbable Neptuno; favorabilísimo amparo; guardián máximo; protector óptimo; indulgentísimo padre; la Iglesia Imperial Metropolitana Mexicana este obelisco de rendimiento y vivo amor, esta insignia pública del gozo común, este voto de felicidad perdurable ofrece en augurio; con el alma, con la mente, con corazón en total entrega lo erige, dedica, consagra, ofrece». He modificado ligeramente la traducción de Salceda.

118

Argumento del primer lienzo[170]

Ya queda ajustada la grande similitud y conexión que hay entre nuestro excelentísimo príncipe y el padre y monarca de las aguas, Neptuno, en cuya conformidad se copió en el principal tablero (que fue el que coronando la portada era vistoso centro de [los] demás) a toda costa de poderoso y a no menos visos de deidad, la sagrada de Neptuno, acompañado de la hermosa Anfitrite, su esposa, y de otros muchos dioses marinos, como lo escribe Cartario citando a Pausanias: «*Maxima pars Neptuni comitum in quodam templo, quod est in agro Corinthio (ut Pausanias refert) cernebatur, ubi is una cum Amphitrite sua uxore in curru erat; puer quoque Palaemon Delphino innixus visebatur; equi quatuor currum trahebant; Tritones duo erant ad latus; in basi media, quae currum substentabant, mare erat cultum, atque Venus, quae inde emergebat pulcherrimis Nereidibus comitata*»[171].

---

[170] *Argumento del primer lienzo:* la imagen de Cartari es evidentemente la fuente de este primer lienzo de Sor Juana; no obstante, Sor Juana ofrece una imagen radicalmente diferente de la de su fuente.

[171] *Maxima pars Neptuni...:* «La mayor parte de la comitiva de Neptuno se veía en cierto templo que está en el campo corintio, según refiere Pausanias; y allí él estaba juntamente con su esposa Anfitrite en un carro; también podía verse al niño Palemón apoyado en un delfín; cuatro caballos tiraban del carro; dos tritones había al lado; en medio de la base que sustentaba el carro, estaba esculpido el mar y Venus que de él emergía acompañada de hermosísimas Nereidas»; Cartari, 169. Compárese: «Tuvo este dios muchos templos consagrados a su deidad, de los cuales uno estaba en Istimón, como lo dice Valeriano, y en él pusieron un gran Delfín de oro y marfil, y encima al niño Palemón, la cual figura dedicó al dios Neptuno Herodes Ateniense, como lo dice Cartario. Y en este templo había gran gente de la compañía de Neptuno, acompañan-

En los rostros de las dos marinas deidades hurtó el pincel las perfecciones de los de sus excelencias haciendo (especialmente a la excelentísima señora marquesa) agravios en su copia, aunque siempre hermosos por sombras de sus luces, groseros por atrevidos y cortos por desiguales. Conducían a la deidad cerúlea con su divina consorte en un magnífico carro dos caballos marinos, aunque Orfeo dijo que eran cuatro:

> *Quadriiugum impellens currum, summo aequore labens*[172].

Rompían estos nadantes monstruos las blancas espumas que aumentaban tascando los dorados frenos[173] y matizaban con las verdes cernejas[174] de sus pies. Precedía al carro, Tri-

---

do a su mujer Anfitrite, y haciéndola estado: y el carro donde estaba Palemón con su Delfín, tiraban de él dos Tritones»; Vitoria, I, 313 («Neptuno»). El texto de Pausanias reza así: «Cuando se entra al santuario del dios a un lado hay estatuas-retrato de atletas que vencieron en los Juegos Ístmicos, y a otro hay plantados pinos en hilera, que crecen la mayoría de ellos derechos. En el templo, que no es muy alto, hay tritones de bronce. En el pronao están dos imágenes de Posidón, una tercera de Anfitrite y una Talasa, también ésta de bronce. Las ofrendas que hay las dedicó en nuestra época Herodes Ático: cuatro caballos dorados con excepción de los cascos; sus cascos son de marfil. Junto a los caballos hay dos tritones de oro, también éstos de marfil la parte de la cintura para abajo; sobre el carro están Anfitrite y Posidón, y un niño, Palemón, está en pie sobre el delfín. Éstos están hechos también de marfil y oro. En medio de la basa en la que se encuentra el carro está en relieve Talasa sosteniendo a Afrodita niña, y a uno y otro lado están las llamadas Nereidas»; Pausanias, *Descripción de Grecia* (2, 1, 7), vol. 1, ed. y trad. de María Cruz Herrero Ingelmo, BCG, 196 (Madrid, Gredos, 1994), 216.

[172] *Quadriiugum impellens...*: «Empujando la cuadriga, deslizándose por la superficie del mar»; *Himno órfico* (17, 5-6: «A Poseidón»). Conti cita estos versos y los traduce al latín que figura aquí. La traducción del griego reza así: «Fecunda en olas, que das la alegría, que haces avanzar tu carro tirado por cuatro caballos»; Conti, 149-150 («Sobre Neptuno»).

[173] *tascar el freno*: «Frase que vale morder los caballos, o mover el bocado entre los dientes» (DA).

[174] *cerneja*: «Manojillo de cerdas cortas y espesas que tienen las caballerías sobre las cuartillas de pies y manos. Úsase regularmente en plural» (DA); «Mechón de pelo que tienen las caballerías detrás del menudillo, de longitud y grosor diferentes según la raza» (MM).

alatorum equorum fræna manu continens, tamque ingens
erat,vt capite alti illius templi faſtigium contingeret. Maxima
pars Neptuni comitum in quodam templo quòd eſt in agro
Corinthio,vt Pauſanias refert,cernebatur,vbi is vna cum Am-
phitrite ſua vxore in curru erat;puer quoque Palęmon delphi-
no innixus viſebatur; equi quattuor currum trahebant; Trito-
nes duo erant ad latus:in baſi media, quæ currum ſuſtinebat,
mare erat exſculptum,atque Venus,quæ inde emergebat, pul
cerrimis Nereidibus comitata. Palæmon, qui a Latinis Portu-

Y

«Neptuno y Anfitrite», en Cartari, 169.

tón[175], de biforme figura con su torcida trompa, marino clarín de tantas glorias, divirtiendo los reales oídos las músicas sirenas, y acompañaban obsequiosas a sus dueños las nereidas, coronando sus verdes cabellos de conchas y perlas; servía a Palemón[176] de bajel la ligereza de un delfín, real insignia del marítimo dios. Finalmente no olvidó el pincel en el real triunfo ninguno de los dioses que en su lista puso el poeta cuando explicando el poder del tridente dice:

> *Subsidunt undae, tumidumque sub axe tonanti*
> *Sternitur aequor aquis: fugiunt vasto aethere nimbi.*
> *Tum variae comitum facies: immania cete,*
> *Et senior Glauci chorus, Inousque Palaemon,*
> *Tritonesque citi, Phorcique exercitus omnis.*
> *Laeva tenet Thetis, et Melite, Panopeaque Virgo,*
> *Nesaee, Spioque, Thaliaque, Cymodoceque*[177].

---

[175] *Tritón:* «Dios marino, hijo de Poseidón y de Anfitrite. [...] En el terreno del simbolismo Tritón denota principalmente el mugido del mar cuando está alborotado y de aquí que su atributo ordinario fuese un caracol [...]. Lo que distingue a Tritón de los demás dioses marinos es la forma que le atribuyeron los poetas y los artistas, según la cual era un ser con medio cuerpo de hombre y en vez de piernas tenía una cola de pez, como los monstruos marinos de su cortejo»; *Enciclopedia universal ilustrada europeo-americana*, vol. 64 (Madrid, Espasa Calpe, 1991), 821.

[176] *Palemón:* «Héroe griego que, junto con Leucotea, fue venerado en el istmo de Corinto. Leucotea y Palemón formaban parte del cortejo de Poseidón (Neptuno). En Corinto existía un templo dedicado a Neptuno, en el cual había un grupo escultórico de oro y marfil con las imágenes de aquel dios y de Anfitrite. Afrodita y Palemón, este último de pie sobre un delfín»; *Enciclopedia universal ilustrada europeo-americana*, vol. 41 (Madrid, Espasa-Calpe, 1991), 147. Véase Ovidio, *Fastos* (6, 486-548).

[177] *Subsidunt undae...:* «Y las olas se tienden a su paso y se alisa su crespo borbollón bajo el eje tonante. / Desaparecen las nubes borrascosas del ámbito del cielo. Y aflora la variada / traza de su cortejo: las ingentes ballenas, el coro inveterado / de Glauco, Palemón, hijo de Ino, y los raudos Tritones. / Y el ejército todo de Forco. A la izquierda van Tetis y Mélite / y la virgen Panopea y Nisee y Espío y Talía y Cimódoce»; Virgilio, *Eneida* (5, 820-826), ed. cit., 293. Conti cita los cinco últimos versos de este pasaje; Conti, 152 («Sobre Neptuno»). Vitoria cita este mismo pasaje, y lo traduce así: «Las altas ondas luego se humillaron / Debajo del hinchado, y alto piélago, / Y todo humildemente allí se allana / Debajo el eje tornador famoso, / Huyendo de todo el cielo los nublados, / Acompáñale copia inumerable, / Marinos Dioses de figuras varias, /

Adornaban las cuatro esquinas del majestuoso tablero los cuatro más principales vientos en extraordinarias figuras semejantes a sus efectos y propriedades que, como súbditos de la misma deidad, crecían la triunfal ostentación. Estaba a la parte septentrional el Aquilón o Bóreas, de rostro fiero, barba y cabello erizado, coronado de escarcha, las alas complicadas[178] del frío y por pies dos horribles caudas de serpiente. A la meridional, soplaba el Noto o Austro, conducido[r] de las lluvias, destilándolas de la barba y cabello, coronado de nubes como lo describe Ovidio:

> Madidis Notus evolat alis,
> Terribilem picea tectus caligine vultum;
> Barba gravis nimbis, canis fluit unda capillis;
> Fronte sedent nebulae, rorant pennaeque, sinusque[179].

A la parte oriental soplaba el Euro, negro etíope, coronado de un sol cuyos rayos, por la demasiada vecindad, abrasaban más que iluminaban su atezado rostro, propia semejanza de los naturales por donde pasa. A la occidental adornaba el galán Céfiro, mancebo gallardo, coronado de flores, vertiendo aromas y primaveras del oloroso seno. Todo lo restante adornaban las vistosas y plateadas ondas del mar que mezclando con tornasolados visos las blancas espumas a las verdinegras aguas, formaban una hermosa variedad a la vista y una novedad agradable a los ojos por lo extraordinario de su espectáculo vistoso. El adorno de este tablero sólo miró a cortejar con los debidos respectos y merecidos aplausos los retratos de sus excelencias y a expresar con esta regia pompa la triplicada

---

Ballenas grandes, con inmensos cuerpos, / Y el coro antiguo del anciano Glauco, / Palemón hijo de la Diosa Ino, / Los Tritones ligeros, y el ejército / De Foreo, siguen la siniestra mano, / Tetis, Melite, y virgen Panopea / Nesea, Espio, Talía, y Cimodoce»; Vitoria, I, 315-316 («Neptuno»).

[178] *complicadas*: dobladas, plegadas.

[179] *Madidis Notus...*: «El Noto se lanza volando con sus alas humedecidas / cubriendo su terrible rostro de negra oscuridad: / la barba cargada de nubes, mana agua de sus blancos cabellos, / en la frente se asientan las nubes y destilan rocío las alas y pecho»; Ovidio, *Metamorfosis* (1, 264-267), en *Obras completas*, ed. cit., 843. Melchior Weinrich cita este mismo pasaje en sus discusiones sobre el Diluvio y sobre el viento del sur; véase Weinrich, *op. cit.*, 354v y 362r.

potestad del bastón, figurada en el tridente, al cual se puso este mote: *Munere triplex*[180]. Y abajo en el tarjón de su pedestal, que sustentaban con dos bandas dos hermosas figuras, se escribió de bien cortadas y airosas letras este soneto:

Como en la regia playa cristalina
al gran señor del húmedo tridente
acompaña leal, sirve obediente
a cerúlea deidad, pompa marina,
no de otra suerte, al Cerda heroico inclina
de almejas coronada la alta frente,
la laguna imperial[181] del occidente,
y al dulce yugo la cerviz destina.
Tres partes del tridente significa[182]
dulce, amarga y salada en sus cristales,
y tantas al bastón dan conveniencia:
porque lo dulce a lo civil se aplica,
lo amargo a ejecuciones criminales,
y lo salado a militar prudencia.

---

[180] *Munere triplex:* «triple en su oficio». Según explica Sagrario López Poza, este mote alude «a las tres potestades del bastón del virrey (civil, militar y penal)»; Sagrario López Poza, «La erudición de Sor Juana Inés de la Cruz en su *Neptuno alegórico*», *La Perinola*, 7 (2003), 255.

[181] *la laguna imperial:* «el conjunto de lagos que rodeaban a la Imperial Ciudad de México, y de los que el de Texcoco era salado» (Salceda).

[182] *Tres partes del tridente:* véase nota 132 *supra*.

Argumento del segundo lienzo

Al diestro lado, si no tan grave no menos lucido, se ostentaba otro tablero que hacía hermoso colateral al de en medio, en cuyo campo se descubría una ciudad ocupada de las saladas iras del mar: copia de la que en Grecia (según refiere Natal) anegaron sus furiosas olas[183]. Imitaba la valentía del pincel con tanta propriedad la náufraga desdicha de los moradores de ella, que usurpaban la lástima debida a lo verdadero las bien fingidas agonías de su último fin; descubríase arriba Juno con regio ornato en un carro que por la vaga región del aire conducían dos coronados leones, como la describe Cartario: *«Ea supra duos leones sedebat; altera manu sceptrum, altera fusum gestabat; radiis caput insigniebatur»*[184].

A su lado estaba Neptuno a quien, afectuosa, pedía socorro para la ciudad de Inaco, su alumno, dada ya a saco a los marinos monstruos, y el piadoso dios, no queriendo emplear generosas iras en los indefensos griegos, pues (según Plinio) *«male vim suam potestas [aliorum contumeliis] ex-*

---

[183] *la que en Grecia:* se trata de la ciudad de Argos. Conti sigue a Pausanias (*Los asuntos de Corinto,* 2, 22, 4) al explicar la construcción en Argos de un templete de Neptuno Prosclistio *(prosklystios = «*el que inunda*»):* «porque en el momento en que Inaco y los que estaban con él en asamblea anunciaron que la tierra de los argivos debía ser de Juno, una gran parte del campo fue inundada y sumergida. Después, al suplicarle Juno a Neptuno que desviara el mar, en aquel lugar por el que se retiró levantaron los argivos el santuario de Neptuno Prosclistio»; Conti, 151 («Sobre Neptuno»).

[184] *Ea supra...:* «Sentada estaba ella sobre dos leones: en una mano llevaba el cetro, en la otra el huso; su cabeza estaba ornada de rayos»; Cartari, 119.

peritur»[185], apartaba con el poderoso tridente las aguas que, obedientes, se volvían a encarcelar con las llaves de arena que les impuso su Eterno Autor. Representaba esta inundación la que es continua amenaza de esta Imperial Ciudad[186], preservada de tan fatal desdicha por el cuidado y vigilancia de los señores virreyes, y nunca más asegurada que cuando no sólo tiene propicio juez pero espera tutelar numen[187] en el excelentísimo marqués de la Laguna, que si allá (como refiere Natal, tomándolo de Heródoto) formó Neptuno una laguna en que fluyesen las copiosas aguas del Peneo: *Scriptum reliquit* (dice) *Herodotus in Polymnia Thes[s]alos dicere solitos, Neptunum Lacunam fecisse, per quam fluat Peneus*»[188], nosotros esperamos mejor Neptuno que, contraponiendo la hazaña, forme un río por donde fluya una laguna en su tan necesario como ingenioso desagüe. Expresaba el concepto una octava escrita en su pedestal, y en lo superior del lienzo este mote: *Opportuna interventio*[189].

> Si a las argivas tierras el tridente
> libres pudo dejar de inundaciones,
> a cuya causa el pueblo reverente,
> mil en un templo le ofreció oblaciones;
> quede ya la cabeza de occidente
> segura de inundantes invasiones
> pues, con un templo, auxilio halla oportuno
> en la tutela de mejor Neptuno.

---

[185] *male vim...*: «Mala cosa es que la autoridad demuestre su fuerza en las ofensas infligidas a otros»; Plinio el Joven, *Cartas* (8, 24, 6), ed. y trad. de Julián González Fernández, BCG, 344 (Madrid, Gredos, 2005), 424. El pasaje de Plinio continúa así: «mala cosa que el respeto se consiga por el terror, y el afecto es mucho más eficaz para conseguir lo que quieras que el temor»; Plinio, *loc. cit.*

[186] *Representaba esta inundación...*: «La obra del desagüe del Valle de México fue gran preocupación del gobierno colonial, por las terribles inundaciones que había padecido la ciudad» (Salceda).

[187] *numen*: «Lo mismo que Deidad. [...] Es voz griega, que vale poderoso» (DA).

[188] *Scriptum reliquit...*: «Dejó escrito Heródoto, en *Polimnia*, que los tesalios solían decir que Neptuno había hecho la laguna por donde fluye el Peneo»; Conti, 151 («Sobre Neptuno»).

[189] *Opportuna interventio*: «Intervención oportuna».

tes, in ipfius effe poteftate, diuitiàs atque regna elargiendi:
quemadmodum ea Paridi pollicita fuiffe fingitur, cum fcili-
cet vellet, trium Dearum pulcerrimam eius iudicio decer-
ni. Quod quidem magnam habet probabilitatem, fi pro ea
Terram intelligamus;cuius fententiæ eftFulgentius,qui Iuno-
nem capite velo obductò, manu fceptrum geftantem defcri-
bit;hoc oftendens,qua in parte regna,ac diuitiæ confiftant;in
terra namque reges fuam ditionem habèt; in terræ etiam vi-
fceribus diuitiæ latitant,nam inde aurum, argentum, omnia-

«Juno», en Cartari, 121.

Argumento del tercero lienzo

En el correspondiente lienzo a éste con no menor gallardía, se descubría un mar, y en medio de sus instables olas la isla Delos[190], tan celebrada por sus raros acontecimientos y varias fortunas; ésta es aquella casta Asteria cuya belleza vistió de plumas a la deidad de Jove, como lo refiere Ovidio:

Fecit et Asterien aquila luctante teneri[191].

Fue hija de Ceo y nieta de Titán, aunque según otros, hija de éste y hermana de Latona. Conociendo, pues, Asteria el engaño del que plumado amante desmentía en semejanzas de ave, resplandores de divino y pasiones de humano, se valió del mismo ardid para huir con las alas, de las alas, y resistir

---

[190] *Delos:* sobre esta isla San Isidoro de Sevilla escribe: «La isla de Delos está situada en medio de las Cícladas. Se dice que es llamada Delos porque, después del diluvio, que se data en los tiempos de Ogiges, la noche envolvió ininterrumpidamente a la tierra por espacio de muchos meses, y fue ésta la primera de las regiones que recibió los rayos solares. Y de ahí le viene el nombre, de haber sido la primera en ofrecerse a la vista del hombre. En griego *dêlos* quiere decir "mostrado". Se la conoce también como Ortigia, porque en ella se vieron por primera vez codornices, que los griegos llaman *órtygai.* En esta isla, Latona dio a luz a Apolo y a Diana. El nombre de Delos se aplica tanto a la ciudad como a la isla»; San Isidoro de Sevilla, *Etimologías* (14, 6, 21), vol. 2, ed. de José Oroz Reta y Manuel A. Marcos Casquero, BAC, 434 (Madrid, BAC, 1993), 197.

[191] *Fecit et Asterien...:* «Hizo también que Asterie estuviera sujeta por un águila»; Ovidio, *Metamorfosis* (6, 108), en *Obras completas,* ed. cit., 1047. Vitoria cita este verso y continúa diciendo que Asteria es «hija de Ceo y nieta de Titán, aunque otros la hacen hija de Titán y hermana de la diosa Latona»; Vitoria, I, 229 («Júpiter»).

128

con plumas, las plumas: cuerdo arbitrio pues sólo unas a otras pueden impugnarse[192]. Voló en traje de codorniz la castidad, aunque infelizmente, que no siempre salva la inocencia; cayó en el mar, y como si la virtud fuese culpa, fue condenada a perpetuo movimiento; llamóse *Delos,* que (según Natal) quiere decir *manifestum et apparens*[193]; y aunque algunos quieren que debiese al mismo Júpiter la quietud, y Macrobio, libro Satur. capítulo 7, dice que Apolo y Diana, agradecidos al beneficio hecho a su madre Latona o por engrandecerla como a patria suya, la hicieron consistente[194]; Luciano *in Dial. Irid. et Nept.* es de contrario parecer, atribuyendo a Neptuno esta piadosa hazaña[195], como refiere Natal, folio 963, donde refiriendo el suceso del parto de Latona y celos de Juno, dice: *«Deinde terra universa iurare coacta est, quod parturienti Latonae locum non concederet, praeter Delum insulam: illa enim cum esset instabilis per illud tempus, sub undis forte delitescebat: quae deinde, cum tempus pariendi Latonae adventasset, utpote non iurata in Latonam iussa est a Neptuno consistere, et locum parturienti praebere»*[196].

---

[192] *Conociendo, pues, Asteria...:* Vitoria *(loc. cit.)* narra este engaño de Júpiter y Sor Juana lo utiliza para crear una gran sutileza conceptista en esta frase. Sobre el conceptismo, véase Baltasar Gracián, *op. cit.*

[193] *manifestum et apparens:* «manifiesto y luminoso»; Conti, 677 («Sobre Latona»). Compárese: «esta Isla se llamó Delos, según dice Natal Comite, que quiere decir: *Manifestum & apparens,* cosa que se descubre y aparece»; Vitoria, I, 230 («Júpiter»).

[194] *y aunque algunos quieren...:* Vitoria sigue el comentario sobre el capítulo 20 del *Purgatorio* de Dante, escrito por el humanista florentino Cristóforo Landino *(Commento di Cristophoro Landino fiorentino sopra La comedia di Danthe Alighieri poeta fiorentino,* 1481), al explicar que Latona fue llevada a la isla de Delos donde dio a luz a Apolo y Diana; luego sigue a Macrobio *(«lib. Satur. c. [17]»)* al añadir lo siguiente: «y fue tan agradecido Apolo a esta buena obra de haber allí dado acogida a su madre, en tiempo de tanto aprieto, que siendo isla movediza que se mecía y meneaba de una parte a otra, él la hizo que tuviese consistencia y firmeza»; Vitoria, I, 230 (Júpiter»).

[195] *Luciano in Dial....:* Vitoria escribe: «... aunque Luciano dice que Neptuno hizo que esta isla estuviese segura y firme para el parto de Latona y para que saliesen a luz Apolo y Diana», con la siguiente nota al margen: *«Lucian. in Dialog. de Iride & Neptuno»;* Vitoria, I, 230 («Júpiter»).

[196] *Deinde terra universa...:* «Después toda la tierra fue obligada a jurar que no concedería un lugar a la parturienta Latona, a excepción de la isla de Delos, pues, como aquélla fuera inestable, por aquella época se escondía casualmente bajo las aguas. Después, como le hubiera llegado el momento del par-

Y es más consentáneo[197] a razón que en sus reinos no mandase otro ni se introdujese en su jurisdicción, pues pudiera responderle lo que a Eolo, dios de los vientos, en Virgilio, *Eneida*, lib. I verso[s 138-139]:

> *Non illi imperium Pelagi saevumque tridentem,*
> *Sed mihi sorte datum*[198].

Él fue, pues, el que movido a compasión de la infeliz Latona, afirmó con el tridente la movediza isla sirviendo éste de clavo a su voluble fortuna para dar estable acogida a la congojada hermosura, a quien sirviendo de Lucina sola su necesidad y de arrimo una hermosa palma, dio al mundo y mucho más al cielo aquellos dos lucientes faroles de Febo[199] y Diana[200]; así lo afirma Homero en estos versos:

> *In monte excelso deflexa in vertice Cynthi,*
> *Inopae ad primas ripas, palmaeque propinqua*[201].

Adórnase en el tablero, la isla, de valientes y vistosos países, copados árboles e intrincados riscos; expresó el pincel con gallarda propriedad la aflicción de Latona en el semblante, como la hermosura en las dos tiernas luces de Febo y Diana; descubríase arriba, majestuosamente adornado, nuestro Neptuno con el tridente que la afirmaba. Representaba todo este vistoso aparato a

---

to a Latona, dado que ella no había jurado contra Latona, recibió de Neptuno la orden de detenerse y ofrecer un lugar a la parturienta»; Luciano, *Diálogos de los dioses marinos*, 10, 2 («Diálogo de Iris y Posidón»), citado en Conti, 677 («Sobre Latona»). Vitoria *(loc. cit.)* incluye una nota al margen que se refiere a este mismo episodio.

[197] *consentáneo*: latinismo de *consentaneus*: «de acuerdo con», «conforme con».

[198] *Non illi imperium...*: «No es a él [vuestro rey] sino a mí / a quien le tocó en suerte el mando de los mares y el terrible tridente»; Virgilio, *Eneida* (1, 138-139), ed. cit., 143. Vitoria cita este mismo pasaje, dando la referencia del libro y verso de Virgilio en su nota al margen; Vitoria, I, 234 («Neptuno»).

[199] *Febo:* Sol.

[200] *Diana:* Luna.

[201] *In monte excelso...*: «En un encumbrado monte, en la doblegada cumbre del Cinto, cercana a las riberas primeras del Ínope y a una palma»; *Himno homérico*, 3, 17-18 («A Apolo»). Conti cita estos versos y los traduce al latín que reproduce aquí Sor Juana. La traducción del griego reza así: «Apoyada en la gran montaña y en la cumbre del Cinto, muy cerca de la palmera, junto a las corrientes del Inopo»; Conti, 261 («Sobre Apolo»).

nuestro imperial México, y no sé qué más propria copia suya pudiéramos hallar, pues demás de convenirle por su fundamento el nombre de la isla, según su definición: «*Insula dicitur terra, quae undique aquis clauditur*»[202]. ¿Qué más *manifestum et apparens*[203], que la que tantos siglos se ocultó, como en el mar, pues el temor de éste estorbaba su descubrimiento? Y así, parece que se apareció al mundo a merced de Neptuno, pues éste dio paso por sus ondas para poder gozar sus inmensas riquezas y para que en sus minerales se probase ser patria del sol y la luna, pues con tan benignos influjos la adornan de aquellos dos metales primogénitos de sus luces[204] sin que le falte ni aun el ave en que se transformó el enamorado Tonante[205] por amor de Asteria, pues émula de Roma tiene por armas un águila imperial, y la mayor grandeza suya gozar los favores de mejor Neptuno en nuestro excelentísimo príncipe con quien espera gozar estables felicidades sin que turben su sosiego inquietas ondas de alteraciones ni borrascosos vientos de calamidades. Indicó el pensamiento este mote: *Te clavum tenente, non nutabit*[206]. Y en el pedestal esta letra castellana:

> Asteria, que antes por el mar vagante
> era de vientos y ondas combatida,
> ya al toque del tridente, isla constante[207],
> es de Latona amparo y acogida.
> ¡Oh México! No temas vacilante
> tu república ver, esclarecida,
> viniendo el que con mando triplicado
> firmará[208] con las leyes el Estado.

---

[202] *Insula dicitur...*: «Isla se llama la tierra que por todas partes está rodeada de agua». Ésta es la definición de «Isla» que da Covarrubias, así en latín; Covarrubias, *op. cit.*, 742.

[203] *manifestum et apparens*: véase nota 193, *supra*.

[204] *en sus minerales...*: Salceda escribe: «Se creía que el oro era engendrado por el Sol, y la plata por la Luna», y cita parte del romance que Sor Juana escribe a la Duquesa de Aveyro (núm. 37, vv. 81-84): «Que yo, Señora, nací / en la América abundante, / compatriota del oro, / paisana de los metales».

[205] *el enamorado Tonante*: Júpiter, dios del trueno.

[206] *Te clavum tenente...*: «En tanto tengas sujeto el clavo, no sufrirá conmoción».

[207] *constante*: fija, inmóvil.

[208] *firmar*: «Vale también lo mismo que afirmar en el sentido de estribar o hacer firme alguna cosa o asegurarla de alguna manera de modo que esté firme» (DA).

Argumento del cuarto lienzo

En el cuarto tablero (que fue el inferior de la calle del lado diestro) se pintaron dos ejércitos con tan gallardo ardimiento expresados, que engañado el sentido común con las especies que le ministraba[209] la ilusión de la vista, se persuadía a esperar del oído las del confuso rumor de las armas. Eran los sangrientos combatientes griegos y troyanos; que éstos, ya desfallecidos, se retiraban, y aquéllos, más ardientes con la cercanía de la victoria, los seguían (que la próxima posesión pone espuelas aun en el ánimo más remiso). Señalábase en ésta, como en todas las facciones[210] bélicas, el valeroso Aquiles, que con más que varoniles hechos, desmentía los femeniles paños que antes le vistió el materno celo, y con destemplados golpes del acero hacía más sonoro el clarín de su fama que antes con las delicadas y acordes cuerdas de su lira. Era blanco de su furor (por más señalado en el valor) el gallardo Eneas (que siempre el rayo busca resistencia en que ejecutar sus estragos). Había Eneas cumplido con todas las obligaciones de hijo de Anquises en defenderse, mas no sé si con todas las de hijo de Venus en ofender, pues ya, a pesar de la vanidad y arrogancia de ésta (de quien dice Sófocles, *in Trachiniis:*

---

[209] *ministrar:* suministrar.

[210] *facción*: «Acontecimiento de soldados o ejecución de alguna empresa militar para ganar gloria y honra contra los enemigos» (DA).

> *Magnum quoddam robur*
> *Venus, refert victorias semper)*[211],

casi cedía rendido al hijo de Tetis si (como dice Virgilio)[212] no le librara de su furia Neptuno, siempre apostando piedades a las ingratitudes de Troya y siempre afecto a su conservación, como padre que (según Quintiliano) *mavult [enim] pater corrigere quam abdicare*[213], como él mismo lo refiere a Venus:

> ... *Saepe furores*
> *Compressi, et rabiem tantam, coelique, marisque.*
> *Nec minor in terris (Xanthum, Simoentaque testor)*
> *Aeneae mihi cura tui. Cum Troi[a] Achilles*
> *Exanimata sequens impinger[e]t agmina muris,*
> *Milia multa daret leto, gemerentque repleti*
> *Amnes; nec reperire viam, atque evolvere posset*
> *In mare se Xanthus: Pelidae tunc ego forti*
> *Congressum Aenea[n], nec dis, nec viribus aequis,*
> *Nube cava [rapui]*[214].

Estaba pintado arriba, con nube, el auxiliar dios[215], defendiendo con ella al troyano y representando en su piedad la

---

[211] *Magnum quoddam...*: «Fuerza muy grande Venus, siempre logra victoria»; Sófocles, *Las traquinias* (497). Vitoria cita estos dos versos, y los traduce así: «De Venus son las fuerzas poderosas, / Siempre cuenta victorias gloriosas»; Vitoria, II, 355 («Venus»). La traducción del griego reza así: «Grande es la fuerza con que Cipris se lleva siempre la victoria»; Sófocles, *Tragedias*, ed. y trad. de José S. Lasso de la Vega, BCG, 40 (Madrid, Gredos, 1981), 211.

[212] *como dice Virgilio*: véase Virgilio, *Eneida* (5, 804-811), citado en la nota 214, *infra*.

[213] *mavult enim pater...*: «El padre prefiere corregir a abdicar»; Quintiliano, *Institutio oratoria* (7, 4, 27).

[214] *Saepe furores...*: «Yo que he frenado tantas veces la furia / y la iracunda cólera de la mar y del cielo. / No fue menor el cuidado que en tierra hube de tu Eneas / —pongo al Janto y al Simunte por testigos— cuando Aquiles / persiguiendo a las tropas troyanas ya sin ánimo, / las acosaba hasta los mismos muros, / y mandaba a la muerte millares de troyanos, y los ríos repletos de cadáveres / rompían en gemidos. Y el Janto no encontraba vía franca / ni rodando sus ondas lograba ir hacia el mar. Yo entonces a tu Eneas / enfrentado en combate con el bravo Pelida, desiguales el favor de los dioses / y las fuerzas de uno y otro, lo arrebaté en el cuenco de una nube»; Virgilio, *Eneida* (5, 801-810), cd. cit., 292-293.

[215] *el auxiliar dios*: «Neptuno, auxiliando a Eneas» (Sabat).

que celebra la fama en nuestro excelentísimo héroe, que no contenta con sus bocas, las forma de sus plumas, para llevar a los climas más remotos no sólo en las voces, pero en las utilidades, las noticias de su piedad[216]. Virtud tan propria de príncipes, que los egipcios ponían en los cetros y reales insignias una cigüeña sobre un pie del hipopótamo, animal feroz y cruel, para dar a entender que los príncipes han de anteponer la piedad al rigor, y como ésta nunca campea más que cuando se emplea en el que la merece menos, se puso para explicarlo este mote: *Sat est videat, ut provideat*[217]. Y en el pedestal esta décima castellana:

> Por más que Eneas troyano
> tenga a Neptuno ofendido,
> cuando le ve combatido,
> le ampara su invicta mano.
> Así, Cerda soberano,
> la piedad que os acredita
> ampara al que os solicita,
> sin buscar, para razón,
> otra recomendación
> que ver que lo necesita.

---

[216] *que no contenta con sus bocas...:* «A la alegoría de la Fama se la representa tocando trompetas y con alas formadas de plumas donde se advierten bocas. Dice Sor Juana que "la fama, no contenta con sus bocas, las forma (otras bocas) con sus plumas (como instrumentos que son para escribir) para llevar así a los climas más remotos, no sólo en las voces (que salen de las bocas de la Fama), sino en la utilidad (que ofrecen las plumas como instrumentos), las noticias de la piedad del virrey"» (Sabat).

[217] *Sat est videat...:* «Basta que vea para que provea». Compárese con este verso de Séneca: *«quod sat est, videat pater»* («Pero ya es suficiente que lo vea el padre»); Séneca, *Tiestes* (895), en *Tragedias,* vol. 2, ed. y trad. de Jesús Luque Moreno, BCG, 27 (Madrid, Gredos, 1980), 250.

Argumento del quinto lienzo

En el tablero de la mano siniestra, correspondiente a éste, estaba Neptuno, tutelar numen de las ciencias (como queda probado en la Introducción) recibiendo en su cristalino reino a los doctísimos centauros que, perseguidos de la crueldad de Hércules, buscaban socorro en el que sólo lo podían hallar, siendo sabios. Fueron éstos los maestros de las ciencias en la Antigüedad, como se prueba en Quirón, a cuya doctrina confió Peleo la educación del valeroso Aquiles, como lo dijo Alciato:

> ... *Magnum fertur Achillem*
> *in stabulis Chiron erudisse suis*[218].

Y Germánico, *in Phenonem Arati:*

---

[218] *Magnum fertur...:* «Se dice que Quirón educó al gran Aquiles en sus establos»; Andrea Alciato, *Emblemas,* ed. de Santiago Sebastián, prólogo de Aurora Egido, trad. de los emblemas de Pilar Pedraza (Madrid, Akal, 1993), 187. Santiago Sebastián comenta así este emblema: «Frente a la brutalidad de otros centauros, éste se distinguió por su sentido de la justicia, fue amigo de los hombres, prudente y benévolo. Protegió a Peleo y le dio la fórmula para casarse con Tetis, de ahí que luego se encargara de la educación del hijo de ambos, Aquiles; no sólo fue maestro, sino también médico cirujano e intervino al mismo Aquiles niño en su talón. Diego López vio en esta doble naturaleza del centauro la doble personalidad del consejero del príncipe, que puede dar malos consejos, mostrando su naturaleza animal, o puede aconsejar bien, poniendo de relieve su naturaleza humana»; Alciato, 188. Vitoria cita estos versos, y los traduce así: «Es fama que Chiron sabio adivino, / En su escuela crió al niño Aquiles, / Que entre Príncipes fue casi divino»; Vitoria, I, 52 («Saturno»).

Hic erit ille pius Chiron, [ius]tissimus omn[i]s
inter Nubigenas et magni doctor Achillis[219].

También Apolo le entregó a Esculapio para que lo indus-
triase[220] en la medicina y ciencias naturales, en que salió tan
aventajado que daba vida a los muertos, como dice Sereno
Samónico:

Tuque potens artis, [reduces] qui tradere vitas
Nosti, atque in coelum manes revocare sepultos[221].

Fue también maestro de Hércules, como lo dice Natal: «*In
astronomicis autem rebus magistrum habuit virum sapientissimum,
ac optimum Chironem*»[222]; el cual trata muy de espacio de su sa-
biduría en el Libro 4, *Mythol*[223], y Euripid. *in Iphigen*[224]. Fue
de los antiguos su docta conjetura tenida por espíritu profé-
tico, con lo cual predijo a sus compañeros el infeliz suceso
de la batalla de los Lapitas y a Neso la muerte, como refiere
Ovidio:

---

[219] *Hic erit ille...*: «Éste será aquel Quirón piadoso, el más justo entre todos
los [centauros] nacidos de la nube, y maestro del gran Aquiles»; Claudio Cé-
sar Germánico, *Aratea* (421-422), citado por Textor en su definición de Qui-
rón entre los dioses justísimos (*«Iustissimi»*); véase Textor, *op. cit.*, vol. 2, 397.

[220] *industriar*: «Enseñar, adestrar e instruir en alguna arte u otra cosa» (DA).

[221] *Tuque potens artis...*: «Tú, fecundo en tu arte, que sabes devolver las vidas
salvas y retornar a la luz los manes sepultos»; Quinto Sereno Samónico, *De
medicina praecepta saluberrima* (Amsterdam, 1662), 1; traducción de Cecilia
Criado. Vitoria cita estos versos, y los traduce así: «Tú que eres poderoso acá
en el suelo / De dar vida a los hombres, ya difuntos, / Poner los sepultados
(ya) en el cielo»: Vitoria, I, 539 («Apolo»). El texto de Sor Juana da *«rudos»*, una
evidente errata producida al seguir a Vitoria, quien da *«rudes»* en lugar de *«re-
duces»*, como reza el texto de Sereno Samónico.

[222] *In astronomicis...*: «Por otra parte, en los asuntos astronómicos tuvo
como maestro a Quirón, el mejor y más sabio de los hombres»; Conti, 482
(«Sobre Hércules»).

[223] *el Libro 4, Mythol:* el capítulo 12 del libro 4 de Conti está dedicado a
Quirón.

[224] *Euripid. in Iphigen:* véase Eurípides, *Ifigenia en Áulide* (206-211 y 708-710).
En este mismo pasaje sobre Quirón, Vitoria incluye esta nota al margen:
«Eurip. in Ephigen.», y un poco más abajo en la misma página se da la referen-
cia a Conti citada en la nota 223, *supra*; Vitoria, I, 49 («Saturno»).

«Los consejeros de los príncipes», Emblema 145 de Alciato.

Quique suis frustra bellum dissuaserat augur,
[Asbolus]: ille etiam metuenti vulnera Nesso,
Ne fuge, ad Herculeos, inquit, servaberis arcus[225].

Llamáronse *Centau*ri, y es como si dijéramos *Cencitauri*, según afirma Bolduc de los caldeos. Fueron los Cineos discípulos del primer sabio *Enos*, por cuya contemplación se llamaron *Enocci*, y después con el transcurso del tiempo, corrompido el vocablo, quedó en *Cenci*, y porque se coronase su nombre con el de su sabiduría (según queda probado ser el toro símbolo de ella) añadieron el *tauri* con sabia providencia, como si dijéramos *Cineos Doctos*, que después quitando las sílabas intermedias (como siempre usan los griegos en los vocablos compuestos) quedó el nombre en *Centauros*. Fueron éstos (como lo dice Palefato, Natal, y Textor en su *Oficina*) hijos de la preñez de una nube, de donde se llamaron *Nubigenae*, como lo dice Virgilio, *Eneida*, Libro 8:

...Tu nubigenas, invicte, bimembr[i]s[226].

Y en el Libro 7, [versos 674-75]:

---

[225] *Quique suis frustra...*: «Y el que en vano / había tratado de disuadir a los suyos de la guerra, el augur / Ástilo; también entonces dijo a Neso, que se hurtaba / a los golpes: «¡No huyas! ¡Serás reservado para el arco / de Hércules!»; Ovidio, *Metamorfosis* (12, 307-309), en *Obras completas*, ed. cit., 1317. En su *Lexicon universale* de 1677, Johann Hofmann cita estos tres versos de Ovidio en su definición del centauro Ástilo *(«Astylus»)*; véase Johann Hofmann, vol. 1 (Leiden, 1698), página sin numerar.

[226] *Tu nubigenas...*: «Tú, invicto, diste muerte / por obra de tu brazo a los centauros, los seres de dos formas / nacidos de la nube»; Virgilio, *Eneida* (8, 293), ed. de Javier de Echave-Sustaeta, BCG, 166 (Madrid, Gredos, 1992), 383. Vitoria escribe: «Fueron los Centauros hijos de Ixión y de una Nube, como lo dice Natal Comite, Palefato y Ovidio, llamándolos Nubigenas, *Nubiges, nasque feras [sic]*, como engendrados de nube», e incluye la referencia a Textor en la nota al margen; un poco más abajo en la misma página cita este fragmento del verso de Virgilio; Vitoria, II, 377 («Plutón»). La frase de Ovidio *(Metamorfosis,* 12, 211) reza así: *«Nubigenasque feros».* En otro pasaje Vitoria cita este y los siguientes versos de Virgilio, con esta explicación: «También se llamaron Nubigenas por haber sido hijos de la nube»; Vitoria, II, 139 («Hércules»).

Ceu duo nubigenae cum vertice montis ab alto
descendunt Centauri[227].

Claro está que siendo sabios habían de venir de lo alto: «*Quia omnis sapientia a Domino Deo est*»[228]. Siendo, pues, hijos de una nube, y siendo el nombre de Neptuno lo mismo (en sentir de san Isidoro) que *nube tonans*[229], ¿quién quita que le prohijemos éstos, que así por la etimología de su nombre como por su ciencia pueden con tanta razón legitimarse por hijos suyos? Éstos (dice Antímaco en su *Centauromaquia*)[230] no fueron muertos por Hércules sino que huyeron de su violencia al mar e islas de las Sirenas; así lo afirma Apolodoro, Libro [2], *Bibliotheca*, hablando de su fuga: *Reliquos autem Neptunus excipiens ad eleusinum occuluit*[231]. Viva semejanza fueron

---

[227] *Ceu duo nubigenae...:* «Parecen dos Centauros nacidos de las nubes, / que descienden de la empinada cumbre»; Virgilio, *Eneida* (7, 674-675), ed. de Javier de Echave-Sustaeta, BCG, 166 (Madrid, Gredos, 1992), 362. Vitoria también cita estos mismos versos; Vitoria, I, 377 («Plutón»). También los utiliza Textor así como el verso de la nota 226, *supra*, en su definición de «Ixión»; véase Textor, *op. cit.*, vol. 2, 164.

[228] *Quia omnis sapientia...:* «Toda sabiduría viene del Señor Dios»; *Eclesiástico*, 1, 1. Vitoria cita este versículo dos veces: I, 158 («Júpiter») y II, 243 («Minerva»); después de esta última cita ofrece la siguiente traducción: «No hay sabiduría que no se derive y tenga su origen del mismo Dios». Sor Juana añade la primera palabra «*Quia*», que no figura ni en la Vulgata Clementina, ni en las citas de Vitoria.

[229] *nube tonans:* «en la nube tona»; «A *Neptuno* lo consideran señor de las aguas del mundo. Y lo llaman Neptuno, como si dijeran "en la nube tona"»; San Isidoro de Sevilla, *Etimologías* (8, 11, 38), vol. 1, ed. cit., 725. Compárese: «San Isidoro dice que este nombre de Neptuno significa lo mismo que *nube tonans*, que es decir, que hace sonar las nubes: porque las aguas entendidas por Neptuno caen de las nubes sonando»; Vitoria, I, 316 («Neptuno»).

[230] *dice Antímaco...:* Antímaco de Colofón, *Centauromaquia*, citado en Conti: «Pero Antímaco, en la *Centauromaquia*, escribió que aquéllos, expulsados por Hércules de Tesalia, se refugiaron en las islas de las Sirenas donde, deleitados por los cánticos de aquéllas, fueron atraídos a una clara perdición después»; Conti, 512 («Sobre los Centauros»).

[231] *Reliquos autem Neptunus...:* «Acogiendo a los demás, Neptuno los ocultó junto al monte eleusino». La traducción del griego reza así: «Posidón acogió a los demás en Eleusis y los ocultó en un monte»; Apolodoro, *Biblioteca* (2, 5, 4), ed. y trad. de Margarita Rodríguez de Sepúlveda, BCG, 85 (Madrid, Gredos, 1985), 107.

estos centauros de los primeros invencibles conquistadores de
este reino que, con el favor de Neptuno, figurado en las aguas
del mar, dejaron burlada la ferocidad de Hércules en su furio-
so estrecho, tan temido de los náuticos antiguos el cual se lla-
ma entre los latinos *Fretum Herculeum*[232], y nosotros lo llama-
mos *Estrecho de Gibraltar;* allí fue donde puso aquellas dos tan
famosas columnas *Abila y Calpe*, que en su sentir terminaban
el mundo, como lo dijo Dionisio en el libro *De Situ Orbis:*

> *Ad fines, ubi sunt erectae forte columnae*
> *Herculeos, (mirum) iuxta suprema Gades*[233].

Donde escribió aquel más desmentido que repetido mote:
Non plus ultra[234], con que quedó ufano de que [no] podía pa-
sar adelante. Pero burlaron su confianza los centauros, esto
es, nuestros españoles, que por tales fueron tenidos en este
reino de los bárbaros indios cuando los vieron pelear a caba-
llo; creyeron ser todo de una pieza, como dice Torquemada
en su *Conquista*[235]; los cuales pasaron el tan temido Estrecho

---

[232] *Fretum Herculeum:* «Estrecho de Hércules».

[233] *Ad fines...:* «En las proximidades de los confines de Hércules, donde ca-
sualmente se alzan las columnas de Hércules (cosa admirable), junto a la últi-
ma Gades»; Dionisio Periegeta, *Sobre la situación del mundo* (62-65), citado en
Conti, 489 («Sobre Hércules»). Compárese: «aquella división llamaron los La-
tinos *Fretum Herculeum*, y nosotros llamamos el estrecho de Gibraltar»; Vito-
ria, II, 171 («Hércules»); «llegando a nuestra España, pareciéndole que allí se
acababa la conquista del mundo junto a Cádiz, puso aquellas dos famosas co-
lumnas Abila y Calpe, y en ellas escribió aquel letrero: *Non plus ultra,* como lo
dijo Dionisio en el libro *de situ Orbis*», seguido por los versos que Sor Juana re-
produce aquí con una ligera modificación; Vitoria, II, 169 («Hércules»).

[234] *Non plus ultra:* «no más allá». Sobre este mote en las columnas de Hér-
cules escribe Vitoria lo siguiente: «[Carlos V] tomó por empresa estas mismas
columnas, con la misma letra, quitándole el *non*. Y quedando el *Plus Ultra,*
porque en su dicho tiempo, se descubrió el nuevo mundo de las Indias Occi-
dentales, por industria del famoso Colón»; Vitoria, II, 169 («Hércules»). Un
poco más abajo continúa: «no fueron estos dos altísimos montes (como algu-
nos afirman) sino dos verdaderas columnas hechas de bronce, en las cuales es-
culpió el *non plus ultra*»; Vitoria, II, 172 («Hércules»).

[235] *como dice Torquemada...:* Salceda da la referencia: «Parecerá barbaridad
y grande simpleza la de estas gentes indianas en parecerles que los caballos y
hombres que iban caballeros en ellos eran una misma cosa; pero aunque lo
parece no lo es, porque lo que jamás se ha visto, cuando la primera vez se ve

de Hércules con el favor de Neptuno: de los señores Cerdas, dueños de aquellos puertos, y de nuestro excelentísimo señor marqués de la Laguna, gobernador del presidio de Gibraltar, con todos los ejércitos y costas de Andalucía. Púsose en lo superior del lienzo este mote: *Addit sapientia vires*[236]; y en su pedestal esta décima:

> De Hércules vence el furioso
> curso Neptuno prudente:
> que es ser dos veces valiente
> ser valiente e ingenioso.
> En vos, Cerda generoso,
> bien se prueba lo que digo,
> pues es el mundo testigo
> de que en vuestro valor raro,
> si la ciencia encuentra amparo,
> la soberbia halla castigo.

---

no luego se conoce, en especial si son cosas dificultosas de entenderse; y así lo es ver a un hombre a caballo para aquel que nunca vio caballo ni supo si es un animal irracional o no, y en este error cayeron algunas naciones del mundo en aquella primera y rústica edad de él cuando los hombres comenzaron a usar de este artificio en las guerras contra sus enemigos, los cuales como jamás habían visto semejante animal y veían la figura de otro hombre como ellos encima, creían ser todo una misma cosa, y de aquí fingieron la figura del centauro, diciendo ser medio hombre y medio caballo, como lo nota Celio Panonio en su *Colectánea*. Y no es maravilla que si estos indios creyeron ser una misma cosa, que como a cosa conjunta a la figura del hombre (que sabían que comía carne) le trajesen una gallina al uno y otra al otro; y que como a cosa particular y fiera le temiesen, aunque después que se desengañaron, también les hacían rostro a los de a caballo como a los de a pie y les tiraban golpes de espada como a los hombres, y si no, véanlo en el caso que después sucedió en una contienda que tuvieron con los tlaxcaltecas, donde cortaron las cabezas a dos caballos de un solo golpe y aunque más feroces y espantables parecían vinieron al suelo muertos»; Juan de Torquemada, *Monarquía indiana* (4, 26).

[236] *Addit sapientia...:* «La sabiduría añade fuerzas».

Argumento del sexto lienzo

En el sexto lienzo (que fue el último de la calle de la mano diestra), se copió un cielo con todo el hermoso ornato de que su divino autor lo enriqueció. En el cual el Júpiter del mar (así lo llamó el Virgilio cordobés: «*Del Júpiter soy hijo, de las ondas*», en su, de todas maneras gigante, *Polifemo*)[237] pintóse, pues, Neptuno, colocando en el cielo al Delfín, ministro y valido suyo, y embajador de sus bodas, cuya elocuencia persuasiva inclinó los castos desvíos de la hermosa Anfitrite a que admitiese la unión del cerúleo dios; dícelo Natal con estas palabras hablando de este suceso: «*Uxorem habuit Amphitritem quam cum deperiret, neque in amorem sui ullo pacto posset allicere, Delphinum misit, qui eam sibi conciliaret, persuaderetque ut Maritum Neptunum aequo animo ferret. Id cum Delphinus impetrasset, ad perpetuam tanti beneficii memoriam dicitur Delphini signum inter sidera relatum*»[238]. Y cita a Arato, para dar a entender el lugar en que fue colocado y las estrellas de que consta esta constelación, que son nueve, según refiere:

---

[237] *el Virgilio cordobés:* Luis de Góngora. Sor Juana recuerda el v. 401 de la *Fábula de Polifemo y Galatea* de Góngora.

[238] *Uxorem habuit Amphitritem...*: «Tuvo por esposa a Anfitrite y, como la amara perdidamente y de ningún modo pudiera atraerla a su amor, le envió un Delfín que la reconciliara con él y la conveniera de soportar con ánimo resignado a Neptuno como marido. Una vez que el Delfín lo hubo conseguido, se dice que, para eterno recuerdo de tan grande beneficio, se hizo figurar la constelación del Delfín entre los astros»; Conti, 149 («Sobre Neptuno»).

«Sobre los avaros, o De que a veces se portan mejor con uno
los extraños», Emblema 89 de Alciato[239].

---

[239] *Sobre los avaros:* la *suscriptio* o epigrama del emblema reza así: «Monta-
do en un delfín, surca Arión las ondas azuladas y le acaricia los oídos y pone
a su cabeza el freno de este canto: "El alma del avaro es más dura que la de
las fieras: fui robado por hombres y me ayudan a escapar los peces"»; Alcia-
to, *op. cit.*, 124.

Tum magni currens Capricorni corpora propter
Delphinus iacet haud nimio lustrata nitore,
Praeter quadruplices stellas in fronte locatas;
Quas intervallum binas disterminat unum[240].

Lo cual fue premio de su embajada, o (según Sánchez Brocense *in Alciato*, Emblema 89; Natal Comit., Libro 8, capítulo 14) por la piedad y humanidad que usó con Arión, sacándole en su espalda libre del naufragio, como lo dice Ovidio, 2. Fast.:

Dii pia facta vident: astris delphina recepit
Iu[p]piter, et stellas iussit habere novem[241].

Sea por uno o sea por otro, cualquiera de las dos acciones es muy digna de premio, pero excedió al mérito la recompensa que de la generosa mano de Neptuno recibió. Era deidad, y como tal sabía que el beneficio se ha de satisfacer con ventajas, pues en sentir de Séneca, *«Ingratus est qui beneficium reddit sine usura»*[242], y que no se ha de pagar sólo con medida que se recibe si es posible agrandarla, como dice Cicerón: *«Eadem mensura reddere [iubet] qua acceperis, aut etiam cumulatior[e], si possis»*[243]. Y pudiendo él como deidad todo cuanto

---

[240] *Tum magni currens...:* «Entonces, corriendo cerca del cuerpo del extenso Capricornio, se extiende Delfín con un resplandor no demasiado brillante, a excepción de cuatro estrellas colocadas en su frente que, colocadas de dos en dos, separa un solo espacio»; Cicerón, *Aratea* (91-94). Después de citar directamente a Arato, Conti cita estos versos de Cicerón, pero sin nombrarle, diciendo simplemente: «Versos que se han expresado así con mucha elegancia en algún lugar»; Conti, 149 («Sobre Neptuno»); de ahí el error de Sor Juana.
[241] *Dii pia facta...:* «Los dioses ven las acciones piadosas. Júpiter acogió al delfín entre los astros y ordenó que tuviera nueve estrellas»; Ovidio, *Fastos* (2, 117-118), citado en Conti, 619 («Sobre Arión»).
[242] *Ingratus est qui...:* «Es ingrato el que devuelve el beneficio sin el interés»; Séneca, *Epístolas morales a Lucilio II* (10, 81, 18), ed. y trad. de Ismael Roca Meliá, BCG, 129 (Madrid, Gredos, 1999), 23.
[243] *Eadem mensura...:* «Recomienda devolver el favor recibido con otro de igual dimensión o, si es posible, incluso mayor»; Cicerón, *Bruto (Historia de la Elocuencia Romana)* (15, 9), ed. y trad. de Manuel Mañas Núñez, Clásicos de Grecia y Roma (Madrid, Alianza, 2000), 64.

quería, corto quedara si no le diera tan magnífico premio: que por grande que parezca una recompensa, siempre tiene el que obró primero la ventaja de la anticipación y ésta nunca puede satisfacerse, porque nunca el beneficiado puede tener el mérito del obrar libre; y así siempre dista uno de otro lo que va de dar a pagar. Tenía a más de esto, el Delfín, prendas que no deslucían la dignidad en que le constituía Neptuno, que a carecer de ella[s] no se librara el príncipe de imprudente aunque se ostentara agradecido, pues según Cicerón, «*Benefacta male collocata malefacta sunt*»[244]. Y como la elección de los ministros es la acción en que consiste el mayor acierto u desacierto del príncipe, no fuera tolerable el yerro en tan grave materia, pues según siente Plinio el Menor, es tan grande el daño que los malos ministros causan, que dice: «*Melior Republica est, in qua Princeps malus, quam amici Principis mali*»[245]. No era de éstos el Delfín, sino muy consumado en prudencia e ingenio, como se conoce en el buen fin que dio a su embajada y en piedad que mostró con Arión: indicios todos de tener todas las partes que necesita un ministro para obrar rectamente, porque lo primero, dice de él Plinio, que es ligerísimo: «*[Velocissimum omnium animalium, non solum marinorum, est Delphinus, ocior volucre, acrior telo]*»[246]. ¿Pues qué mejor prenda

---

[244] *Benefacta male...*: «Las buenas acciones mal empleadas son malas acciones». La frase correcta de Cicerón *(Sobre los deberes*, 2, 62), que a su vez es una cita de Ennio, reza así: «*Benefacta male locata malefacta arbitror*» («Las buenas acciones mal empleadas las considero malas acciones»); Ennio, *Fragmentos*, ed. y trad. de Juan Martos, BCG, 352 (Madrid, Gredos, 2006), 463. Caro y Cejudo, en su comentario al refrán «Echamos en la calle aquella buena obra», cita este adagio de Ennio, explicando: «Dice Ennio de las buenas obras mal empleadas, y hechas á quien no las merece, ni estima. *Bene facta, male locata, male facta arbitror*». Caro y Cejudo, *op. cit.*, 104-105.

[245] *Melior Republica...*: «Es mejor república aquella en que es malo el príncipe, que aquella en que son malos los amigos del príncipe». La frase correcta, que no es de Plinio, reza así: «*meliorem esse rem publicam et prope tutiorem, in qua princeps malus est, ea, in qua sunt amici principis mali*» («el gobierno es mejor y ofrece mayor seguridad cuando el príncipe es malo, que cuando lo son sus favoritos»); *Alejandro Severo* (65, 4), en *Escritores de la historia augusta*, trad. de Francisco Navarro y Calvo, vol. 2 (Madrid, 1889), 103.

[246] *Velocissimum omnium...*: «El más veloz de los animales, no sólo de los marinos, es el delfín: más ágil que los pájaros, más rápido que una flecha»; Pli-

para un ministro que la presteza en la expedición de los negocios que están a su cargo? Y más cuando es con la justa ponderación de cada cosa, sin que por la aceleración se incurra en el defecto de no entender bien todas las circunstancias del negocio que se trata. No faltó esta prudencia al Delfín, pues refiere Pierio Valeriano que Augusto César traía por empresa un delfín rodeado a una áncora, con mote que decía: *Festina lente*[247]; explicando la prisa que se debe te-

---

nio el Viejo, *Historia natural* (9, 2), ed. y trad. de E. del Barrio Sanz *et al.*, BCG, 308 (Madrid, Gredos, 2003), 336. Sor Juana cita el latín viciado de Vitoria (que corrijo aquí), quien introduce la cita de Plinio con estas palabras: «Su ligereza es la mayor que se conoce entre todas las aves y animales; y lo es tanto, que excede a la saeta cuando es despedida del arco; así lo dice Plinio, cuyas palabras son éstas: *Velocissimus omnium animalium Delphinus, velocior volucre, acrior telo*»; Vitoria, I, 241 («Neptuno»).

[247] *Festina lente*: «Apresúrate lentamente». En su discusión sobre «*Maturitas*» (195v) Valeriano cita este mote, pero en griego *(speude bradeos)* y no en latín *(festina lente)*, pues la forma griega figura en varios autores romanos, como por ejemplo Suetonio *(Vida de César Augusto*, 25, 4), Aulo Gelio *(Noches áticas*, 10, 11, 5) o Macrobio *(Saturnalia*, 6, 8, 9). Erasmo también recoge este mote en griego en sus *Adagios* (2, 1, 1). Está claro que Sor Juana sigue a Vitoria, quien escribe: «Pierio Valeriano lo trae por símbolo de la velocidad, y ligereza, y pone dos jeroglíficos, el uno tiene por título: *Velocitas*; el otro: *Cita navigatio*; y añade que fue proverbio antiguo: *Delphinum nare doces*, que todo esto muestra su ligereza. Y refiere aquella empresa que traía Augusto César, que era un Delfín rodeado a una pesada áncora, y la letra, *Festina lente*»; Vitoria, I, 241 («Neptuno»). En su discusión sobre el emblema 143 de Alciato, que reproduce esta imagen, Santiago Sebastián comenta lo siguiente: «En cuanto al origen de este ideograma Piero Valeriano dice que no se encuentra en Horapollo, porque no es egipcio, sino griego y romano. Cuando el áncora está rodeada por el delfín le atribuye el significado de lo *maturandum*, lo que hace referencia al mismo tiempo a las nociones antitéticas de madurez-precocidad y prisa-calma. [...] Alciato describe así el grabado: "Todas las veces que el viento furioso / Al espantoso mar mueve gran guerra / Socorre al navegante el piadoso / Delfín, clavando el áncora en la tierra". Diego López, al explicitar el significado de Alciato, señala que por "el áncora y el delfín se entiende el propio Rey y el oficio de gobernar". El áncora y el delfín expresan sentidos contrapuestos, uno de movimiento rápido y juguetón, mientras que el otro es de firmeza. En cuanto al áncora se dice que se hizo contra tormentas y naufragios, mientras que en el delfín se subraya su ligereza, que ha de ser imitada por el Príncipe a la hora de socorrer a sus vasallos. En cuanto al mote: "Apresúrate despacio", señala Erasmo que era "digno de ser grabado en todas las columnas y escrito con letras de oro en las puertas de los templos, de aquí que se pinte en las sa-

«Del Príncipe que procura la seguridad de sus súbditos»,
Emblema 143 de Alciato.

ner en la ejecución, y el espacio[248] en la consideración de los negocios.

Alciato, Emblema 20, a quien puso por título: *Maturandum*[249], enseña esta doctrina con elegancia en una rémora[250] asida a una saeta:

> *Maturare iubent propere et cunctantier omnes,*
> *Ne nimium praeceps, neu mora longa nimis.*
> *Hoc tibi declaret connexum echeneide telum:*
> *Haec tarda est, volitant spicula missa manu*[251].

Y Horacio, Libro 1, *Satiricón* I, dice casi la misma sentencia:

> *Est modus in rebus: sunt certi denique fines,*
> *Quos ultra citraque nequit consistere rectum*[252].

---

las de los magnates y lo lleven los caballeros en sus anillos y los reyes en su cetro"»; en Alciato, *op. cit.*, 186-187.

[248] *espacio:* «tardanza, flema, suspensión, lentitud, y lo que es contrario a ir de prisa» (DA).

[249] *Maturandum:* «Sin prisa, pero sin pausa». Santiago Sebastián comenta que este emblema «es una variante del jeroglífico del delfín con ancla. Alciato nos persuade por medio de la flecha, que veloz sale del arco, frente al pesado pez, llamado rémora, que es capaz de detener un navío, que en todas las cosas hay que buscar el término medio, que es el que "agrada a los hombres prudentes". Porque "la mucha tardanza es pereza, y la mucha prisa es vicio, pues hagamos destos dos vicios una virtud, y llámese *Maturitas*"»; en Alciato, *op. cit.*, 52. Las citas de Sebastián se refieren al comentario de Diego López, *Declaración magistral sobre las emblemas de Andrés Alciato: historias, antigüedades, moralidades, y doctrina, tocante a las buenas costumbres* (Nájera, 1615).

[250] *rémora:* «Pez pequeño, cubierto de espinas y conchas, de quien se dice tener tanta fuerza que detiene el curso de un navío en el mar» (DA).

[251] *Maturare iubent...:* «Todos nos aconsejan obrar con prisa y con calma, / no demasiado rápido ni con demasiada demora. / Que te lo muestre la flecha unida a la rémora / ésta es lenta mientras que los dardos vuelan de la mano que los arroja»; Alciato, *op. cit.*, 52.

[252] *Est modus...:* «En todas las cosas hay un justo medio, o sea, ciertos límites: más acá o más allá de los mismos no se puede encontrar el bien»; Horacio, *Sátiras* (1, 1, 106-107), ed. y trad. de Jerónides Lozano Rodríguez (Madrid, Alianza, 2001), 67. Estos dos versos figuran con el emblema «*In medio consistit virtus*» («En el punto medio está la virtud»), del libro *Q. Horatii Flacci Emble-*

«Maturandum», Emblema 20 de Alciato.

Y de nuestro Salomón español, el muy prudente señor don Felipe Segundo, se cuenta haber dicho en una ocasión a los que le vestían: *«Vestidme de espacio, que estoy de prisa»*. Digna sentencia de su real ánimo y digna de ser norma de todos los príncipes. Con que queda probado que era el Delfín muy digno de la honra que recibía, pues aunque era mucha la altura a que ascendía: *«Nihil tam [alte] natura constituit quo virtus non possit eniti»*[253]. Con que quedó muy acreditada con tal elección la prudencia de Neptuno, que ésta es propiamente virtud de pechos reales, como dijo Aristóteles: *«Prudentia est propri[a] virtus principis»*[254]. Y Séneca dice que se acredita a sí mismo el que honra al digno: *«Beneficium dando accepit, qui digno dedit»*[255]. Representaba todo este hermoso aparato la liberali-

---

mata de Otto Vaenius (Amberes, 1607); a partir de la 3.ª ed. (1612), figura también este poema en castellano:

> Es la virtud del hombre una armonía,
> Que de contrarios hace consonancia,
> Entre afectado y tosco una elegancia,
> Que aborrece la falta y demasía;
> Es entre más y menos norte y guía
> Para la eterna inmaterial estancia,
> De dos extremos liga y concordancia,
> Raquel hermosa entre una, y otra Lía:
> Es medio universal, por donde puede,
> De sus vicios huyendo los extremos,
> Sin que caiga cual Ícaro atrevido,
> Llegar el hombre al templo, en quien concede
> La prudencia, que ofrezca vela y remos,
> Que a tal medio tal fin se está debido.

[253] *Nihil tam alte...*: «La naturaleza no ha colocado nada a tanta altura que el arrojo humano no pueda alcanzar»; Quinto Curcio Rufo, *Historia de Alejandro Magno* (7, 11, 10), ed. y trad. de Francisco Pejenaute Rubio, BCG, 96 (Madrid, Gredos, 1986), 404.

[254] *Prudentia...*: «La prudencia es propiamente la virtud del príncipe». Compárese: *«philosophus dicit, in III Polit., quod "prudentia est propria virtus principis"»* («el Filósofo dijo, en *Política 3,* que *la prudencia es propiamente la virtud del príncipe»)*; Santo Tomás de Aquino, *Suma teológica* (II.ª-IIae q. 50 a. 1 s.c.).

[255] *Beneficium dando...*: «Es recibir un beneficio otorgárselo a quien es digno»; Publilio Siro, *Sentencias* (68), ed. y trad. de Víctor J. Herrero Llorente (Madrid, CSIC, 1963), 268-269. Este adagio figura en Pedro Díaz, *Introducción a los proverbios de Séneca* (Medina del Campo, 1552), 9r, con la siguiente traducción: «Dos veces vence quien se vence cuando es victorioso». Textor también cita este refrán en sude-finición de «Publius Syrus»; véase Textor, *op. cit.,* vol. 2, 435.

«In medio consistit virtus», en Otto Vaenius, *Q. Horatii Flacci Emblemata*
(Amberes, 1612), 19.

dad y cordura tan notoria en su excelencia de cuya noticia está tan lleno todo el orbe; y las felicidades que este reino se promete en su tranquilísimo gobierno. Púsose este mote en el acostumbrado lugar: *Dignos ad sydera tolles*[256], y en el pedestal este epigrama:

Clarus honor coeli mirantibus additur astris
Delphinus, quondam gloria torva maris.
Neptunum optatis amplexibus Amphitrites
Nexuit; et meritum sydera munus habet.
Talia Magnanimus confert Moderator aquarum
Praemia: Neptunum, Mexice, plaude tuum.
Delphinus Ponti ventorum nuntiat iras,
Cum vario ludens tramite scindit aquas;
Coeli Delphinus fixo cum sydere fulget,
Omnia foelici nuntiat auspicio[257].

[256] *Dignos ad sydera tolles:* «Elevas a los dignos a los astros». Compárese: *«tollens ad sidera vultus»* («elevando el rostro a los astros»); Ovidio, *Metamorfosis* (1, 731).
[257] *Clarus honor...:* «Un claro honor del cielo a los astros que lo admiran se añade: / el Delfín, hace tiempo del mar la roma gloria. / Anfitrite con anhelados abrazos enlazó a Neptuno / y obtiene los astros, justo premio. / El magnánimo Dominador de las aguas nos trae / estos premios: aplaude, México, a tu Neptuno. / Anuncia el Delfín las iras de los vientos del ponto / cuando hiende las aguas jugando por sendas varias; / cuando el Delfín refulge con el astro fijo del cielo, / anuncia que está todo bajo un feliz auspicio». He modificado la traducción de Herrera Zapién.

Argumento del séptimo lienzo

En el séptimo lienzo (que fue el superior de la calle siniestra) se copió la gloriosa y célebre competencia que nuestro Neptuno tuvo con Minerva sobre poner nombre a la ciudad de Atenas, como lo refiere Plutarco, a quien sigue Natal con toda la escuela mitológica. Era Atenas centro y cabeza no sólo del mundo, sino de las ciencias, y llamada *Doctissima*, como la llamó Ovidio en una de sus epístolas:

Atque aliquis Doctas iam nunc eat, inquit, Athenas[258].

Y como en las competencias de ingenio, *Nihil difficilius quam cedere alteri*[259], fue necesario que todo el coro de los dioses asistiese al docto desafío, porque aunque dice Cicerón: «*Silent [enim] leges inter arma*»[260], no sucede así en las guerras

---

[258] *Atque aliquis...*: «Y hay quien dice: "que se vaya a la sabia Atenas"»; Ovidio, *Cartas de las heroínas*, 2, 83 («Filis a Demofonte»), ed. cit., 37. Compárese: «Llamaron después en sucesión de muchos siglos a esta Ciudad, con el Epiteto de docta. La docta Atenas, como lo dijo Ovidio en una de sus Epístolas», seguido por el verso que Sor Juana reproduce aquí; Vitoria, II, 266 («Minerva»). Sor Juana reproduce el orden de palabras en Vitoria; en Ovidio reza así: «*Atque aliquis iam nunc doctas eat inquit Athenas*».

[259] *Nihil difficilius...*: «Nada más díficil que doblegarse a otro»; posiblemente una modificación del axioma atribuido a Diocleciano: «*Nihil difficilius quam bene imperare*» («Nada más difícil que gobernar bien»); véase *Vida de Aureliano* (43, 2), en *Escritores de la historia augusta*, vol. 3, trad. de Francisco Navarro y Calvo (Madrid, 1890), 36-37.

[260] *Silent enim leges...*: «Las leyes guardan silencio en medio de las armas»; Cicerón, *En defensa de T. Anio Milón* (11), en *Discursos*, vol. 4, ed. y trad. de José Miguel Baños Baños, BCG, 195 (Madrid, Gredos, 1994), 485.

del entendimiento, porque como las leyes no son otra cosa que sus mismos discursos ordenados conforme a la recta regla de la razón e igual sindéresis[261], y como es cierto que *vexatio dat intellectum*[262], nunca más fecundos los produce que cuando con el calor de la disputa se mueven y representan las especies que estaban más remotas y escondidas, pues como era de esta calidad (y no de las que dice Platón: «*Propter pecuniarum possessionem omnia pr[oe]lia fiunt)»*[263], fue necesario que la atendiesen y juzgasen los doctos. Redújose la ingeniosa contienda a demonstración, que es mejor testigo de los méritos, y entonces hiriendo la tierra con el tridente el gran Neptuno, salió un soberbio caballo despreciando la tierra que le había producido y anunciando guerras con sus sonorosos relinchos, como dice Lucano con su acostumbrada elegancia:

> *Primus ab aequorea percussis cuspide saxis,*
> *Thessalicus sonipes, bellis feralibus omen*[264].

---

[261] *sindéresis:* «La virtud y capacidad natural del alma para la noticia, e inteligencia de los principios morales, que dictan vivir justa y arregladamente» (DRAE, 1780).

[262] *vexatio dat intellectum:* «la alteración da entendimiento»; compárese: «*sola vexatio intellectum dabit auditui*» (*Isaías* 28, 19). Polidoro Virgilio incluye este adagio en su *Adagiorum* (Basel, 1524) 93r, y Barthélemy Aneau incluye un emblema con este título en su *Picta poesis* (Lyons, 1552) 43; curiosamente, el emblema de Aneau representa el gran diluvio de la mitología griega.

[263] *Propter pecuniarum...:* «Todas las guerras suceden por causa de la posesión de dinero»; Platón, *Fedón* (66c). La traducción del griego reza así: «Pues a causa de la adquisición de riquezas se originan todas las guerras»; Platón, *Fedón* (66c), en *Diálogos,* vol. 3, ed. y trad. de C. García Gual, M. Martínez Hernández y E. Lledó Íñigo, BCG, 93 (Madrid, Gredos, 1986), 44.

[264] *Primus ab aequorea...:* «Antes que ninguno, de las rocas golpeadas por el tridente marino, el corcel tesalio, presagio de guerras funestas, [brotó de un salto]»; Lucano, *Farsalia* (6, 396-397), ed. cit., 268. Compárese: «Neptuno hirió con su tridente la tierra, y luego salió milagrosamente un caballo brioso, gallardo, y comenzó a encresparse y enarmonarle, dando relinchos y brincos y acocinando la tierra. Como lo dijo Lucano», seguido por los versos que Sor Juana reproduce aquí, y luego realiza esta traducción: «Hirió Neptuno con su gran Tridente / La tierra, de la cual salió un caballo, / Agüero de batallas competente»; Vitoria, II, 264 («Minerva»). Sor Juana sigue a Vitoria al omitir el verbo principal de la frase, *exsiluit,* que Holgado Redondo traduce «brotó de un salto».

Neptuno y Palas (1512), de Benvenuto Garofalo (Benvenuto Tisi)
(Dresde, Gemäldegalerie Alte Meister).

Siguióse la demonstración de la diosa, y fue una hermosa oliva dando verdes anuncios de paz en sus floridos ramos, como lo dice Natal citando a Plutarco: *«Quippe cum eo tempore equum invenisse dicatur; cum in Areopagum cum Minerva in contentionem descendit, de nomine Athenis imponendo, cum ipse equum hominibus, Minerva olivam munus attulit»*[265]. Pareció a los jueces digna de la victoria la docta diosa, y el mismo Neptuno le cedió el triunfo cumpliendo con la obligación de docto y cortesano, quedando él más triunfante con el rendimiento que ella con la victoria, tomando el consejo de Ovidio:

Cede repugnanti, cedendo victor abibis[266].

Si ya no es que digamos que ser Neptuno vencido de Minerva, fue vencerse de su propria sabiduría entendiéndola en ella; pues aunque la común opinión es que nació de la cabeza de Júpiter, como afirma P[or]celio, *Libro de Amor.*

At Pallas magni Iovis orta cerebro[267].

---

[265] *Quippe cum eo tempore...:* «Puesto que se dice que en esa época descubrió el caballo, cuando bajó al Areópago a la disputa con Minerva sobre el nombre que había de imponérsele a Atenas, cuando él mismo ofreció como regalo a los hombres el caballo, Minerva el olivo»; Conti, 150 («Sobre Neptuno»). No se trata de una cita, sino de una paráfrasis de Plutarco, *Temístocles* (19, 3), cuya traducción al español reza así: «Acondicionó el Pireo, amoldando la ciudad entera al mar y en cierto modo propiciando una política contraria a la de los antiguos reyes de los atenienses. Pues aquéllos, según se dice, procuraron apartar a los ciudadanos del mar y los acostumbraron a vivir no de la navegación, sino del cultivo de la tierra; por ello divulgaron la historia sobre Atenea que, cuando Posidón disputó con ella por tierra, venció mostrándoles a los jueces el olivo sagrado»; Plutarco, *Vidas paralelas,* vol. 2, ed. y trad. de Aurelio Pérez Jiménez, BCG, 215 (Madrid, Gredos, 1996), 286-287.
[266] *Cede repugnanti...:* «Cede cuando ella te lleve la contraria, cediendo saldrás vencedor»; Ovidio, *Arte de amar* (2, 197), ed. cit., 399.
[267] *At Pallas...:* «Pero Palas, nacida del cerebro del gran Júpiter». Compárese: «Y habiéndose llegado la hora del parto, fue el Dios Vulcano con una hacha o segur, y abriéndole [a Júpiter] la cabeza, salió la Diosa Minerva, armada de punta en blanco, como lo dice Procelio [*sic*] en el libro *De amore Iovis:* "*At*

«Sobre el escudo del ducado de Milán», Emblema 1 de Alciato.

Y Homero: «*Iovis filia gloriosa Tritonia*»[268]. Alciato también lo dice en un emblema:

An quia sic Pallas de capite orta Iovis?[269].

Y Lucano:

Hanc et Pallas amat, patrio quae vertice nata[270].

Y otros sin número. Pero contra estas autoridades dice Natal, citando a Pausanias *in liber Myth.*: «*Scriptum reliquit Pausanias in Atticis, Minervam Neptuni, et Tritonidis Paludis filiam fuisse*»[271]; y Heródoto repite las mismas palabras[272]. De donde se

Pallas magni Iovis orta cerebro". [...] Andreas Alciato en la *Emblema* primera: "*An quia sic Pallas de capite orta Iovis*"»*;* Vitoria, II, 242 («Minerva»). El poema «*De amore Iovis in Isottam*», en honor a Isotta degli Atti, fue publicado en *Trium poetarum elegantissimorum, Porcelii, Basinii, & Trebani opuscula...* (París, 1539).

[268] *Iovis filia...:* «Gloriosa Tritonia, hija de Júpiter»; Homero, *Ilíada* (4, 515), citado en Conti, 234 («Sobre Palas»). La traducción del griego reza así: «Hija de Zeus, gloriosísima Tritogenía»; Conti, *loc. cit.* Vitoria también cita este verso que reproduce Sor Juana; Vitoria, II, 300 («Minerva»). *Tritonia* es la forma latina del griego *Tritogeneia* («nacida de Tritón»), epíteto de Minerva.

[269] *An quia sic Pallas...:* «¿O tal vez es porque así nació Palas de la cabeza de Jove?»; Alciato, *op. cit.*, 28. Vitoria también cita este verso en su discusión sobre Minerva; véase nota 267, *supra*.

[270] *Hanc et Pallas...:* «Este [lago] es también amado por Palas, que, nacida de la cabeza de su padre»; Lucano, *Farsalia* (9, 350), ed. cit., 380. He modificado ligeramente la traducción de Holgado Redondo, ya que Sor Juana sólo cita un fragmento de esta frase. Boccaccio cita este mismo fragmento en *Genealogía de los dioses paganos* (2, 3), ed. y trad. de M.ª Consuelo Álvarez y Rosa M.ª Iglesias (Madrid, Editora Nacional, 1983), 126; y Johann Hofmann cita el pasaje en su definición de «Tritón»; véase Hoffmann, *op. cit.*, vol. 4, 514v.

[271] *Scriptum reliquit...:* «Pausanias dejó escrito en *Los asuntos del Ática* que Minerva fue hija de Neptuno y de Tritónide»; Conti, 233 («Sobre Palas»). La traducción del pasaje de Pausanias reza así: «Al ver que la estatua de Atenea tenía los ojos glaucos, he encontrado que el mito es de origen libio: en efecto, éstos dicen que es hija de Posidón y la laguna Tritónide, y que, a causa de esto, sus ojos son glaucos, como los de Posidón»; Pausanias, *Descripción de Grecia* (1, 14, 6), ed. cit., 121.

[272] *y Heródoto repite...:* compárese: «De igual modo Heródoto en *Melpómene* [4, 180], tras haber llamado a Minerva hija de Neptuno y de la laguna Tri-

puede inferir que decir que Neptuno engendró a Minerva fue decir que fue sabio y que como tal produjo actos de sabiduría; y decir que fue de ella vencido, no fue más que decir que se sujetaba a las reglas de la razón, que es la verdadera libertad, como lo afirmó Plutarco: «*Rationi servire vera libertas est*»[273], y vencer (como lo hacen todos los sabios) la parte superior del hombre a la inferior, refrenando sus ímpetus desordenados; quizá para darnos a entender esto, fingieron ser caballo el vencido y oliva la vencedora. Y que ésta sea símbolo de las ciencias, se colige[274] de Natal, donde dice: «*Cum vero olivae fructus ad omnes artes sit accommodatus, oleum scilicet, omnes denique artes Minerva invenisse creditur, nam profecto nulla est fere ars, quae non olivae beneficio utatur*»[275]. Y compruébase con lo que dice Heródoto, que cuando el Oráculo de Apolo mandó a los de Epidauro hacer aquellas estatuas, preguntando si serían de oro o plata, respondió que no, sino de oliva, porque como dios de las ciencias se debía de agradar en el árbol que las simbolizaba, y añade el mismo Heródoto que sólo había olivas en Atenas; quizá por eso sólo en Atenas había ciencias[276]. Pues

---

tónide, a esta misma la llamó nuevamente hija atribuida a Júpiter, según está en estas palabras: *Y que molesta por algo con su padre se puso a las órdenes de Zeus, y que Zeus la adoptó como hija suya»;* Conti, 234 («Sobre Palas»).

[273] *Rationi servire...:* «Servir a la razón es la verdadera libertad». Compárese el siguiente adagio que Séneca encuentra en Epicuro: *«philosophiae servire libertas est»* («ser esclavo de la filosofía es precisamente la libertad»); Séneca, *Epístolas morales a Lucilio* (1, 8, 7), vol. 1, ed. y trad. de Ismael Roca Meliá, BCG, 92 (Madrid, Gredos, 1986), 120.

[274] *colegir:* «inferir, deducir, hacer argumento y consecuencia de una cosa a otra por lo que se ha visto, leído u oído» (DA).

[275] *Cum vero olivae...:* «Pero, dado que el fruto del olivo, a saber el aceite, es apropiado para todas las artes, finalmente se creyó que Minerva había inventado todas las artes. [Pues, de hecho, no hay ningún arte que no se sirva del beneficio del aceite]»; Conti, 236-237 («Sobre Palas»).

[276] *Y compruébase con lo que dice Heródoto...:* Heródoto, *Historias* (5, 82, 2); citado en Conti, 236 («Sobre Palas»). En realidad, los de Epidauro preguntaron si debían erigir las estatuas de bronce o de piedra (mármol), y no «de oro o plata» como dice Sor Juana; véase Conti, *loc. cit.* Evidentemente, Sor Juana sigue a Vitoria, quien escribe: «Natal Comite dice que los de Epidauro, Ciudad del Peloponeso, quisieron hacer unas estatuas o simulacros de los Dioses, y consultaron el oráculo de Apolo de qué materia los fabricarían, si de oro o de plata, o de qué género de piedra. Y fueles respondido que de Oliva»; Vitoria, II, 257 («Minerva»).

que el caballo sea símbolo de la parte animal del hombre, dalo a entender en uno de sus hieroglíficos Pierio, que tiene por título: *Fraenata ferocitas*[277], donde dice: «*Vulgatissimum est illud argumentum, hominem invicto, ferocique animo imperio tamen, et rationi obsequentem, hieroglyphice per fraenatum equum significari*»[278]. Y añade: «*Animal nimirum ferox, atque magnanimum; quod leges tamen subiit*»[279], por su innata ferocidad y desasosiego contrario en todo a la serenidad de la sabiduría. Y así Homero pintó a Marte en un carro que lo tiraban caballos para significar lo sanguinolento y furioso. Con lo cual queda probado que en Neptuno fue hazaña y no cobardía el ser vencido, pues no era otra cosa Minerva que su proprio entendimiento a quien sujetaba todas sus acciones para conseguir doblada victoria: pues (según Séneca) «*bis vincit qui se in victoria vincit*»[280]. Y el ser una cosa Minerva y Neptuno, aunque debajo de diversos respectos[281], se prueba en que se les atribuían unas mismas cosas pues siendo el toro sacrificio de Neptuno (como lo dijo Homero:

Cyanaeos crines taurum mactetur habenti)[282],

se lo sacrificaban también a Minerva, como lo dice Natal, el cual dice que era éste o una vaca, su víctima; y lo comprueba Ovidio:

---

[277] *Fraenata ferocitas:* «Fiereza enfrenada», título del capítulo 7 del libro 4 de Valeriano, 33r.

[278] *Vulgatissimum est illud...:* «Muy divulgado es aquel argumento de que el hombre indomable y de alma feroz, si se sujeta al mando y a la razón, está bien significado por un jeroglífico de un caballo enfrenado»; Valeriano, *loc. cit.* Sor Juana altera ligeramente el orden de palabras de Valeriano.

[279] *Animal nimirum...:* «Un animal feroz y grandioso que se somete sin embargo a las leyes»; Valeriano, *loc. cit.*

[280] *bis vincit...:* «Dos veces vence el que en la victoria sabe vencerse»; Publio Siro, *Sentencias* (77), ed. cit., 268-269. Este adagio también figura en la *Introducción a los proverbios de Séneca* con esta traducción: «Dos veces vence quien se vence cuando es victorioso»; Pedro Díaz, *op. cit.,* 11r.

[281] *respectos:* aspectos.

[282] *Cyanaeos crines...:* «Inmólese un toro a quien tiene azules cabellos»; Homero, *Odisea* (3, 6), citado en Conti, 152 («Sobre Neptuno»). La traducción del griego reza así: «Toros totalmente negros en honor del que sacude la tierra, de azulada cabellera»; Conti, *loc. cit.*

Y siendo dios de los edificios Neptuno, los atribuyen también a esta diosa; y dice el citado Natal: «*Haec prima aedeficandi viam invenisse dicitur; [si] ut testatur Lucianus in Herm[otimo]: Inquit enim fabula, Palladem, Neptunum, ac Vulcanum de artificio contendisse, atque Neptunum taurum fabricasse, Palladem excogitasse domum*»[284]. De donde se colige que Minerva en este sentido no es distinta de Neptuno sino su propria sabiduría. ¿Pues qué más elegante y propria representación de nuestro príncipe, que uno que alcanzó tan gloriosos vencimientos de sí mesmo y que sujetó tanto a la regla de la razón sus acciones que se preció de ser vencido de su propria sabiduría? Gloríese desde hoy más esta nobilísima ciudad en su Neptuno sabio, pues la gobierna aquel a quien sólo la razón gobierna; pues dice Plutarco: «*Pessimus est Imperator qui sibi ipsi non imperat*»[285]. Y Erasmo: «*Necesse est, ut Princeps Consultorem habeat in pectore*»[286]. Explicó

---

[283] *Mactatur vacca...*: «A Minerva se le sacrifica una vaca»; Ovidio, *Metamorfosis* (4, 755), citado en Conti, 238 («Sobre Palas»).

[284] *Haec prima aedeficandi...*: «Se dice que [Palas] inventó la arquitectura, según atestigua Luciano en *Hermótimo*: "Así pues, dice la leyenda que Palas, Neptuno y Vulcano rivalizaron por las artesanías, y que Neptuno fabricó un toro, pero Palas ideó una casa"»; Conti, 236 («Sobre Palas»). La traducción del fragmento de Luciano reza así: «Así pues, dice la leyenda que Atenea, Posidón y Hefesto rivalizaron por la inventiva y Posidón fabricó un toro, pero Atenea construyó una casa»; Conti, *loc. cit.*

[285] *Pessimus est Imperator...*: «Pésimo gobernante es el que no se gobierna a sí mismo». Hans Walther recoge esta versión ligeramente modificada, que también se atribuye a Plutarco: «*Pessimus imperator, qui sibi ipsi non potest imperare*»; *Proverbia sententiaeque Latinitatis medii ac recentioris aevi* (9, 534), ed. de Hans Walther y Paul Gerhard Schmidt (Göttingen, Vandenhoeck Ruprecht, 1986), 79. La fuente de Walther es Johanne Hilnero, *Gnomologicum Graecolatinum vel sententiarum Grecarum* (Leipzig, 1616). Christian Matthiae, en un libro que figuró en el *Index librorum prohibitorum,* cita este adagio en griego, y lo traduce al latín, atribuyéndolo también a Plutarco; Christian Matthiae, *Theatrum historicum theoretico-practicum* (Amsterdam, 1668); 324.

[286] *Necesse est...*: «Necesario es que el príncipe tenga un consultor en su pecho». Sor Juana modifica ligeramente el fragmento de la frase original, que reza así: «*... necesse est ut ipse consultorem habeat in pectore*» («... es necesario que uno mismo tenga un consultor en su pecho»); Erasmo, Carta 2458 («A Guillermo, duque de Cleves», 1531), en *Opus epistolarum Des. Erasmi Roterdami,* vol. 9, ed. de H. M. Allen y H. W. Garrod (Oxford, Clarendon, 1906), 195.

algo de este primoroso vencimiento el mote, que fue: *Dum vincitur, vincit*[287]. Y en el pedestal este epigrama:

> *Desine pacifera bellantem, Pallas, oliva,*
> *Desine Neptuni vincere, Pallas, Equum.*
> *Vicisti: donasque tuo de nomine Athenis*
> *Nomen; Neptunus dat tibi et ipse suum.*
> *Scilicet ingenium melior Sapientia victum*
> *Occupat, et totum complet amore sui.*
> *Si tamen hic certas, Neptunia Mexicus audit,*
> *Neptuno et Palmam nostra Lacuna refert.*
> *Gaudeat hinc foelix Sapientum turba virorum:*
> *Praemia sub gemino Numine certa tenet*[288].

---

[287] *Dum vincitur...*: «Al ser vencido, vence». Compárese: *«qui vincitur, vincit»* («vence el que es vencido»); Petronio, *Satiricón* (59, 2).

[288] *Desine pacifera...*: «Deja de vencer, oh Palas, con tu pacífica oliva, / deja ya vencer al belicoso caballo de Neptuno. / Venciste, y das a Atenas a partir de tu nombre / su nombre; y te da el suyo a ti el propio Neptuno. / Es decir que una mejor sabiduría se adueña / del ingenio vencido y lo llena todo de su amor. / Pero si aquí peleas, Neptunia, México escucha / y nuestra Laguna da a Neptuno la palma. / Gócese por ello la feliz turba de sabios varones: / tiene seguros premios bajo un gemelo Numen». He modificado la traducción de Tarsicio Herrera Zapién.

Argumento del octavo, último lienzo

En el octavo y último lienzo (que fue el que coronó toda la montea) se pintó el magnífico templo mexicano de hermosa arquitectura aunque sin su última perfección[289], que parece le ha retardado la Providencia, para que la reciba de su patrón y tutelar Neptuno, nuestro excelentísimo héroe. En el otro lado se pintó el muro de Troya, hechura y obra del gran Rey de las Aguas, como lo dice Virgilio en el Libro 9 de la *Eneida*:

> ... A[t] non viderunt moenia Troiae,
> Neptuni fabricata manu, considere in ign[i]s?[290].

Y el mismo en otra parte:

> ... Et omnis humo fumat Neptunia Troia[291].

---

[289] *aunque sin su última perfección:* Salceda explica: «Desde el 22 de dic. de 1667, "habiéndose acabado todas las bóvedas, y desembarazádose, se abrió esta santa iglesia catedral" (Robles, *Diario).* [...] Pero todavía en 1680 faltaban las torres, muchos de los altares, el arreglo del atrio, etc. Como es sabido, la Catedral de México no vino a quedar concluida sino a principios del siglo XIX».

[290] *At non viderunt...:* «¿Pero no vieron derrumbarse en los fuegos las murallas de Troya fabricadas por la mano de Neptuno?»; Virgilio, *Eneida* (9, 144-145), citado en Conti, 150 («Sobre Neptuno»). Sor Juana modifica la cita de Conti.

[291] *Et omnis humo...:* «Y que toda la Troya de Neptuno alzaba desde el suelo / espiras de humo»; Virgilio, *Eneida* (3, 3), ed. cit., 207. Vitoria cita este mismo fragmento de verso en su discusión sobre los muros de Troya, explicando que «Virgilio llama esta Ciudad Neptunia»; Vitoria, I, 235 («Neptuno»).

Si bien Ovidio sintió lo contrario en la Epístola de París a Elena, diciendo:

> *Ilion aspicies, firmataque turribus altis*
> *Moenia Apollineae structa canore lyrae*[292].

y en otra parte:

> *Utilius starent etiam nunc moenia Phoebi*[293].

Pero después concede ser Neptuno quien los edificó en compañía de Apolo:

> *Inde novae primum moliri moenia Troiae*
> *Laomedonta videt, susceptaque magna labore*
> *Crescere difficili, nec opes exposcere parvas.*
> *Cumque Tridentigero tumidi genitore profundi*
> *Mortalem induitur formam, Phrygiaeque tyranno*
> *Aedificat muros*[294].

---

[292] *Ilion aspicies...*: «Contemplarás Ilión y sus murallas guardadas por altas almenas, edificadas al son de la lira de Febo»; Ovidio, *Cartas de las heroínas* (16, 179-180: «Paris a Helena»), ed. cit., 143. Compárese: «Entre otras cosas que del Dios Neptuno se cuentan, la más memorable es que él y Apolo edificaron los muros de la antigua Troya, aunque Ovidio atribuye esta obra a la Lira de Apolo, que dice que con sola su música se edificó. Así lo dice París en la carta que escribió a Elena», seguido por los versos que Sor Juana reproduce aquí, y esta traducción: «Verás el edificio peregrino, / Y el Ilion y el muro cuyo asiento / Es fuerte, es inmortal, es diamantino. / Edificóse al son del instrumento / Armónico del padre de la lumbre: / Y así fue milagroso el fundamento»; Vitoria, I, 234-235 («Neptuno»). Sor Juana cambia la voz «*Phoebeae*», que también es la forma que da Vitoria, a «*Apollineae*».

[293] *Utilius starent...*: «Más me valdría que la muralla de Apolo estuviera aún en pie»; Ovidio, *Cartas de las heroínas* (1, 67: «Penélope a Ulises»), ed. cit., 30. Vitoria cita este verso, y lo traduce así: «Mejor me fuera, que la licenciosa / Llama no hubiera en humo convertido / De Febo la muralla milagrosa»; Vitoria, I, 235 («Neptuno»).

[294] *Inde novae...*: «Desde allí ve cómo Laomedonte edifica los primeros muros / de la naciente Troya, cómo aquella gran empresa avanza / con penosos esfuerzos y reclama ingentes recursos; y, junto / con el padre de la mar embravecida, portador del tridente, / se reviste de apariencia mortal y edifica para el soberano / de Frigia los muros»; Ovidio, *Metamorfosis* (11, 199-204), en

164

Mas, por concordar estas opiniones o porque Macrobio en sus *Saturnales*, alegando a Higinio, dice que Neptuno y Apolo fueron los penates[295] de Troya (a los cuales llamaron *dii magni*)[296] y que éstos edificaron juntos los muros, se pintó en el tablero a Neptuno como dueño principal de la obra con muchos instrumentos de arquitectura, y a Apolo con la lira, a cuyo son obedientes contra su natural inclinación, que es: *Tendere deorsum*[297], se levantaban las piedras a componer la misteriosa fábrica, ayudando con su dulzura al soberano arquitecto Neptuno. Explicólo el mote, que fue: *Construit imperans, sed suavitate comite*[298]. Y en el pedestal esta octava:

> Si debió el teucro[299] a la asistencia
> del gran Neptuno fuerza y hermosura
> con que al mundo ostentó sin competencia

Obras completas, ed. cit., 1267. Compárese: «Mas todos tienen que Neptuno y Apolo entrambos tomaron la obra de compañía», seguido por los versos que Sor Juana reproduce aquí, y esta traducción: «De allí vio a Laomedon, que comenzado / Tenía el muro de Troya, el cual se viera / de grande, rico, y muy ave[n]tajado. / Difícil de acabar, de tal manera, / Que con trabajo inmenso parecía / Crecer, como si nada se hiciera: / Ni para aquel efecto bastaría / Riqueza, si no fuese muy copiosa, / Según la traza suya requería. / Mas con el Dios del agua tan costosa, / Transformados los Dioses tan humanos, / Obra dio fin, quedando milagrosa»; Vitoria, I, 235 («Neptuno»).

[295] *penates:* «Los dioses domésticos, a quienes daba culto la Gentilidad» (DA).

[296] *dii magni:* «grandes dioses». Macrobio *(Saturnalia,* 3, 4, 9) cita el verso de Virgilio *(Eneida,* 3, 12) —«con mis hombres y mi hijo y los Penates y con los grandes dioses *[magnis dis]*»— que Sor Juana incorpora aquí como *«dii magni»*. Compárese: «Macrobio en sus *Saturnales* [...] dice que los Dioses Penates de los Troyanos son Apolo y Neptuno, que fueron los fundadores de sus muros»; y más abajo, después de citar las palabras de Virgilio *(«Penatibus, & magnis diis»),* continúa: «Refiere de Servio sobre este lugar, que Penates y Dioses grandes todo es una cosa; porque los Dioses penates, cuyas estatuas aún duran hoy en Roma, tienen por inscripción *Dii Magnii»;* Vitoria, II, 294 («Minerva»). En *Saturnalia* (3, 4, 6) Macrobio cita dos versos de Virgilio que Vitoria cita en esta misma página sobre Minerva, y que traduce así: «Dijo, y guardando la costumbre honrosa, / Sacrificó en las aras levantadas, / Al rojo Apolo un muy hermoso toro, / Y otro a Neptuno, Dios de aquellos mares». Ese segundo verso de Virgilio también lo cita Sor Juana; véase nota 76 *supra.*

[297] *Tendere deorsum:* «Tender hacia abajo». Sor Juana puede haber leído esta frase en Pierre Gassendi, *De motu impresso a motore translato* (París, 1642), 40.

[298] *Construit imperans...:* «Construye mandando, pero suavemente».

[299] *teucro:* troyano.

> el poder de divina arquitectura,
> aquí, a numen mejor, la Providencia,
> sin acabar reserva esta estructura,
> porque reciba de su excelsa mano
> su perfección el templo mexicano.

Las cuatro basas y dos intercolumnios de los pedestales se adornaron de seis hieroglíficos que simbólicamente expresasen algunas de las innumerables prerrogativas que adornan a nuestro esclarecido príncipe, y por no salir de la idea de aguas se previno deducirlas y componerlas todas de empresas marítimas, quizá porque siendo de aguas se asimilan más con su claridad a sus ínclitas virtudes y heroicas hazañas.

Primera basa de mano diestra

Tuvo Neptuno muchos templos consagrados a su deidad[300], y todos famosos. El más célebre fue el que estaba en el Istmo[301], como refiere Cartario, en el cual (como ya queda dicho) estaba Neptuno con su esposa Anfitrite, a quienes acompañaban todos los dioses marinos que como feudatarios[302] a su suprema deidad le acompañaban obsequiosos. Tuvo otro templo (según el mismo Cartario, citando al divino Platón) entre los atlánticos, de no menor ostentación, pues dice que estaba en él la estatua de este dios de tan eminente estatura, que llegaba con la cabeza a las bóvedas del templo: *«Tamque ingens erat* (dice), *ut capite [alti illius] Templi fastigium contingeret»*[303]. De otro muy célebre hace memoria el mismo autor, que hubo en Egipto, en el cual estaba como alumno suyo pintado el dios Canopo que (según dicen) había sido piloto de Menelao, como refiere Cornelio Tácito[304], y por haberle

---

[300] *Tuvo Neptuno...*: compárese: «Tuvo este Dios muchos templos consagrados a su deidad»; Vitoria, I, 313 («Neptuno»).

[301] *Istmo*: «Se refiere al istmo de Corinto, donde Neptuno tenía un templo» (Sabat).

[302] *feudatario*: «Lo que está sujeto y obligado a pagar feudo» (DA).

[303] *Tamque ingens...*: «Tan enorme era, que con la cabeza tocaba el techo del templo»; Cartari, 169. La traducción del griego reza así: «Dentro del templo colocaron imágenes de oro: el dios de pie sobre un carro llevaba las riendas de seis caballos alados y tocaba, a causa de su altura, el techo con la cabeza»; Platón, *Critias* (116e), en *Diálogos*, vol. 6, ed. y trad. de M.ª Ángeles Durán y Francisco Lisi, BCG, 160 (Madrid, Gredos, 1992), 290.

[304] *como refiere Cornelio Tácito*: «Pero Germánico, que aún no sabía que su viaje se le tomaba a mal, iba subiendo por el Nilo, tras partir de la plaza fuer-

dado sepulcro en aquella ciudad se llamó también ella a honor suyo, Canopo. Al cual, porque fue doctísimo en la náutica, dieron adoración, y con él alcanzaron aquella docta victoria de los caldeos, cuyo dios era el fuego, a quien venció Canopo por ser de agua. Copióse, como lo describe Cartario, diciendo: *«In quodam templo Neptuni, quod erat in Aegypto, Canopus Menelai nauta colebatur, qui post mortem in astra translatus dicebatur. Eius effigies erat crassa, brevis, et quasi rotunda, collo obtorto brevissimis cruribus»*[305].

---

te de Canopo. La fundaron los espartanos por haber sido sepultado allí el piloto Canopo, en la época en que Menelao al volver de Grecia fue arrojado al mar enfrente y a la tierra de Libia»; Tácito, *Anales* (2, 60), vol. 1, ed. y trad. de José L. Moralejo, BCG, 19 (Madrid, Gredos, 1979), 173. Cartari no menciona a Tácito en su discusión sobre el dios Canopo, aunque Vitoria sí lo hace (véase la siguiente nota).

[305] *In quodam templo...:* «En cierto templo de Neptuno que estaba en Egipto, era venerado Canopo, navegante de Menelao, que había sido trasladado a los cielos después de su muerte. Su imagen era gruesa, pequeña y como redonda, con el cuello torcido y con muy cortas piernas»; Cartari, pág. 170. Vitoria, siguiendo a Cartari, escribe lo siguiente sobre el dios Canopo: «De otro memorable templo de Egipto dedicado a este Dios, hace memoria el mismo Cartario, en el cual dice que estaba la figura del Dios Canopo, que según decían, había sido piloto de Menelao, como lo dice Cornelio Tácito, y la Ciudad misma se llamaba Canopo, del nombre del Dios que ellos reverenciaban como a patrón suyo; porque cuando murió este Canopo, le sepultaron allí, y de él tomó el nombre la Ciudad. Juvenal trató de él, Suidas, Estrabón, Plinio, Ptolomeo; y aún dice Rufino que los de esta Ciudad tuvieron una competencia muy desavenida con los Caldeos, sobre cuál tenía mejor Dios por patrón. Y es de presuponer que el Dios de los Caldeos era el fuego, y el Dios Canopo era una figura muy ancha y corpulenta, a modo de tinajón, como la pinta Cartario, y encima su cabeza, y luego sus manos, como una cosa monstruosa. Y usaron los Egipcios para haber de llegar al desafío público un estratagema notable. Hicieron al Dios Canopo hueco como una tinaja, y con gran multitud de agujeros, a modo de regadera, y tapándolos todos con cera, la llenaron de agua. Como el Dios de los Caldeos era el fuego (según dijimos), a todos los Dioses que llegaban a competencias con él, los abrasaba y consumía con su actividad y fuerza, y pensaron hacer lo mismo del Dios Canopo. Llegados a la contienda, halláronse burlados los Caldeos, porque pusieron su Dios con gran reverencia, y los Egipcios juntáronle su Canopo con el secreto del agua, que no lo sabían aún ellos mismos, sino los Sacerdotes de su Dios. Y en llegándole a poco espacio que estuvo, se derritió la cera de los agujeritos, y comenzó a salir gran copia de agua de tal suerte, que el Dios de los Caldeos quedó vencido y muerto, y Canopo vencedor y conocido por mayor Dios, y reverenciado por tal, y los Egipcios gozosísimos de semejante vitoria. Esto es de Suidas, y añade Cartario, que de allí adelante hicieron sus estatuas de Canopo de aquella misma suerte, como había vencido»; Vitoria, I, 313-314 («Neptuno»).

sterioribus ostendit,cum circum , vbi equi currebant , describit,dicens,ad alterum curriculi latus aram fuisse figuræ rotundæ, ad eamque Deum coli,Taraxippum, ab incutiendo equis pauore,nuncupatum. Solitos enim esse iniecto terrore , circa aram hanc equos tam vehementer consternari, vt incertū vnde coorta trepidatione, sæpe illisis curribus affligerentur aurigæ:quo igitur æquo,& propitio vterentur Taraxippo , ad eam aram aurigas vota nuncupasse.De hoc Deo multas multorum opiniones idem Pausanias affert ; sed eam tamquam omnium

proba

«Neptuno y Canopo», en Cartari, 172.

Pintóse sobre una hoguera, cuyas llamas invisiblemente extinguía, aludiendo a la victoria ya referida. Y aplicándose a que los héroes excelentes cual lo es nuestro heroico príncipe, no sólo triunfan y vencen en sus personas, mas aun en las de sus ministros que en nombre suyo consiguen en la paz y en la guerra gloriosos triunfos con el aliento que les influye el príncipe, púsose este mote: *Sufficit Umbra*[306]; y más abajo esta redondilla:

> Bien es que al fuego destruya
> Canopo por sutil modo;
> que para vencerlo todo
> bastaba ser sombra tuya.

---

[306] *Sufficit Umbra:* «Basta la sombra». Sor Juana puede haber leído la frase «*sufficit umbrae*» en Claudiano, *Panegírico del 4.° Consulado de Honorio Augusto* (8, 468), texto que cita un poco más abajo; véase nota 327, *infra*.

«Sufficit», en Georgette de Montenay, *Emblemes ou devises chrétiennes* (Lyon, 1571), 86. Imagen por cortesía de Glasgow University Library, Special Collections.

Segunda basa de mano diestra

Sabida es la historia de los Gigantes que (dejando lo historial en que se funda, como que fuese aquel soberbio Nembrot su caudillo para asaltar el cielo) dicen los mitológicos haber hecho guerra a los dioses, como lo dice Eusebio Cesariense, y Josefo, y lo toca Ovidio, diciendo que eran hijos de la tierra.

Terra feros partus, immania monstra, Gigantes
edidit ausuros in Iovis ire domum[307].

Y Lucano:

Aut si terrigenae tentarent astra Gigantes[308].

---

[307] *Terra feros...*: «La Tierra produjo unos partos feroces, unos monstruos colosales, los Gigantes, que habían de atreverse a marchar contra la mansión de Júpiter»; Ovidio, *Fastos* (5, 35-36), ed. y trad. de Bartolomé Segura Ramos, BCG, 121 (Madrid, Gredos, 1988), 171. Vitoria cita estos versos, y los traduce así: «Parió la tierra los Gigantes fieros, / Sacando a luz su monstruoso parto, / Tan atrevidos, que hicieron fieros a Júpiter, y en esto hicieron harto»; Vitoria I, 99-100 («Júpiter»). En la segunda parte de su libro, Vitoria vuelve a citar estos versos, con la siguiente traducción: «La tierra con sus partos tan horrendos, / A luz sacó Gigantes monstruosos, / Tan atrevidos, que al grande Júpiter / Quisieron despojarle de su casa»; Vitoria, II, 143 («Hércules»).
[308] *Aut si terrigenae...*: «O si los gigantes, hijos de la tierra, intentaran escalar los astros»; Lucano, *Farsalia* (3, 316), ed. cit., 157. Vitoria cita este verso, y lo traduce así: «O si los hijos de la tierra y suelo / Intentaran subir al alto Cielo»; Vitoria, I, 99 («Júpiter»).

Pero Homero los hace hijos de Neptuno y de Ifimedia:

> *Uxor Aloei post hanc est Iphimedia*
> *Visa mihi, quae Neptuno duo pignora magno*
> *Edidit: hi parvi sunt primo tempore nati,*
> *Otus divinus valde inclytus inde Ephialtes*[309].

Atribuyéronselos a Neptuno porque (como dice Natal, citando estos versos:

> *Elatos animo enim omnes, et omnes strenuos*
> *Filios, et amicos dicunt, et amatos a Neptuno)*[310].

Que todos los de generosos y altos ánimos se juzgaba ser hijos de este dios. Y si ningunos son más proprios hijos del hombre que sus pensamientos, no sólo por la naturaleza más noble del alma que los produce sino también por el modo de generación más absoluta, pues en la corporal siempre un padre lo es a medias partiendo precisamente con la madre la mitad de la propriedad de los hijos, lo cual no sucede en los conceptos del alma sino que plenamente son suyos sin mendigar para su producción favor ajeno, ¿con cuánta razón podremos decir que nuestro príncipe es padre de pensamientos gigantes que, con mejor título que los fabulosos hijos de Neptuno,

---

[309] *Uxor Aloei...:* «Después vi a Ifimedía, mujer de Aloeo, que dio a Neptuno dos grandes dones. Éstos son los dos niños nacidos en primer tiempo: el divino Oto y después el ínclito Efialtes»; Homero, *Odisea* (11, 305-308), citado en Conti, 461 («Sobre los Gigantes»). Compárese: «Homero los hace hijos de Neptuno y de Ifimedía»; Vitoria, I, 99 («Júpiter»). La traducción del griego reza así: «Después de ésta vi a Ifimedía, la esposa de Aloeo, quien ciertamente dijo que se había unido a Posidón y así parió dos hijos, aunque fueron de corta vida, a Oto semejante a los dioses y al célebre Efialtes...»; Conti, *loc. cit.* El latín *«primo tempore»* («en primer tiempo») evidentemente es una traducción sin sentido del griego *«minunthadiō»* («de corta vida»); puede que Conti no entendiera bien el griego e intentase poner alguna referencia temporal.

[310] *Elatos animo...:* «Se dice que todos los que son de alma elevada y todos los fuertes son hijos de Neptuno, amigos o amados por él»; Johannes Tzetzes, *Quilíadas* (2, 51, 743-744), citado en Conti, 151 («Sobre Neptuno»). La traducción del griego reza así: «A todos los violentos en general y a todos los hijos y amigos valerosos los llaman amados de Posidón»; Conti, *loc. cit.*

arrebatan el cielo? Pues si éste en las sagradas letras padece fuerza[311] y lo arrebatan los animosos, a ninguno mejor que a su excelencia toca este tan glorioso asalto. Pintóse, para expresar el concepto, un cielo a quien arrebataban unas manos, y un mote que decía: *Aut omnia, aut nihil*[312]. Y más abajo esta quintilla:

> Romper el cerúleo velo
> pretenden siempre constantes:
> que en tu católico celo,
> tus pensamientos gigantes
> no aspiran menos que al cielo.

---

[311] *en las sagradas letras...:* véase *San Mateo,* 11, 12.

[312] *Aut omnia...:* «O todo o nada». Tito Livio escribe: «*aut omnia accipe, aut nihil fero*» («Acéptalo todo o no presento nada»); Tito Livio, *Historia de Roma desde su fundación* (6, 40), ed. y trad. de José Antonio Villar Vidal, BCG, 145 (Madrid, Gredos, 1990), 265. César Borgia (1475-1507) famosamente adaptaría como mote personal la frase *«aut Caesar aut nihil»* («o César o nada»).

Primera basa de mano siniestra

Que el mar sea mayor que toda la tierra es cosa tan sabida que no necesita de prueba, pues para que ésta[313] se descubriese fue necesario que Dios mandase al mar que se retirase: «*Congregentur aquae, quae sub coelo sunt, in locum unum, et appareat arida*»[314]. Y así se dice estar las aguas del mar más altas que toda la tierra[315], y entre los antiguos fue tenida por cosa tan sagrada que no osaban echar en ella[316] cosa inmunda; y dice Cicerón que cuando en el Tibre[317] echaban algún malhechor, no lo echaban desnudo porque no contaminase las aguas: «*Noluerunt nudos in flumen abiicere ne cum delati essent in mare, ipsum polluerent; quia caetera, quae violata sunt expiare putantur*»[318].

---

[313] *ésta*: la tierra.

[314] *Congregentur aquae...*: «Reúnanse en un lugar las aguas que están debajo del cielo, y aparezca lo árido»; *Génesis*, 1, 9.

[315] *Y así se dice...*: compárese: «La mar es muy mayor que toda la tierra: y así al principio del mundo, fue necesario que Dios la recogiese y ciñese, para que no sobviniese y sobrepujase a la tierra. Y así dijo Dios: *Congregentur aquae in locum unum, & appareat arida:* y por eso se dice que la mar está más alta que la tierra»; Vitoria, I. 237 («Neptuno»).

[316] *en ella*: «"en cosa tan sagrada", es decir en el agua del mar» (Sabat).

[317] *Tibre:* Tíber.

[318] *Noluerunt nudos...*: «No quisieron que fuesen arrojados desnudos al río por temor a que, una vez arrastrados al mar, corrompieran al mismo a quien los hombres consideran purificador de todo cuanto ha sido profanado»; Cicerón, *En defensa de Sexto Roscio Amerino* (26, 71). Compárese: «toda la gentilidad tuvo el mar por cosa sagrada y divina. De donde vino a decir Cicerón, tratando de la pena que se había de dar al parricida, según lo que tenían los romanos establecido por ley inviolable, que disponía que a los tales los encerrasen y cosiesen en un cuero de vaca, y los echasen en el río Tibre», se-

Y así en los sacrificios usaban de agua del mar para purificar pecados; de donde se infiere la grande dignidad de Neptuno en ser dios de aquellos tan dilatados y nobles reinos, y de tanta muchedumbre de vasallos tan admirables y varios, que dice el Eclesiástico: *«Qui navigant mare, enarrent pericula eius; et audientes auribus nostris admirabimur. Illic praeclara opera, et mirabilia: varia bestiarum genera, et omni[um] pecorum, et creatura belluarum»*[319]. Y Plinio dice que hay en él[320] muchas diferencias de animales y árboles y que no sólo no carece de ninguna cosa de las que hay en la tierra, pero que las tiene más excelentes: *«Rerum quidem non solum animalium simulacra [in]esse, licet intelligere intuentibus, uvam, gladium, serras, cucumi[n] [vero], et colore, et odore similem»*[321]. Y fue tan grande la reverencia que le tenían, que no sólo creyeron que podía limpiar pecados, pero que comunicaba un cierto género de divinidad; así que con ella se purificó la porción de humano, Glauco:

---

guido por el latín viciado que Sor Juana reproduce aquí; Vitoria, I, 236 («Neptuno»). La traducción del latín original reza así: «No quisieron arrojar su cuerpo a la fieras para que las bestias, con el contacto de un hombre tan abominable, no se nos volvieran más feroces; tampoco los lanzaron desnudos al río por temor a que, una vez arrastrados al mar, corrompieran al mismo a quien los hombres consideran purificador de todo cuanto ha sido profanado; finalmente no dejaron nada de lo suyo —ni la más mínima parte— aunque fuera de poco valor y de lo más ordinario»; Cicerón, *Discursos*, vol. 5, ed. y trad. de Jesús Aspa Cereza, BCG, 211 (Madrid, Gredos, 1995), 58.

[319] *Qui navigant...*: «Que los que navegan el mar cuenten sus peligros; y al escucharlos nosotros con nuestros propios oídos, quedaremos atónitos. Allí hay obras grandes y admirables; varios géneros de animales, y bestias de todas especies, y criaturas monstruosas»; *Eclesiástico*, 43, 26-27. Compárese: «La variedad y diferencias de los pescados es maravillosa, como lo dijo el Eclesiástico», seguido por los versículos que Sor Juana corrige y reproduce aquí; Vitoria, I, 238 («Neptuno»).

[320] *él*: el mar.

[321] *Rerum quidem...*: «Y, desde luego, que contiene las réplicas de las cosas y no sólo de los seres vivos se hace perceptible contemplando las uvas, la espada, las sierras e incluso el cohombro, que se parece al auténtico por el color y por el olor»; Plinio el Viejo, *Historia natural* (9, 2), ed. cit., 225-226. Vitoria cita las palabras de Plinio que Sor Juana reproduce aquí, y ofrece esta traducción: «hay uvas, espadas, sierras, cohombros, semejantes a las frutas y hortalizas de la tierra en color y en sabor»; Vitoria, I, 239 («Neptuno»).

Dii maris exceptum socio dignantur honore,
Utque mihi quaecumque feram mortalia demant,
Oceanum, Tethy[n]que rogant; ego lustror ab illis
Et purgante nefas novie[n]s mihi carmine dicto,
Pectora fluminibus iubeor supponere centum.
Nec mora, diversis lapsi de partibus amnes
Totaque vertuntur supra caput aequora nostrum,
Quae postquam red[ii]t, alium me corpore toto,
Ac fueram nuper, ne[que] eundem mente recepi.
Hactenus, acta tibi possum memoranda referre,
Hactenus, [haec] memini, nec mens mea caetera sensit[322].

Aludiendo, pues, a esta grandeza del mar cuyo señor es nuestro príncipe, se pintó un mundo rodeado de un mar, y un tridente que, formando diámetro a todo el globo, lo dividía con este mote: *Non capit Mundus*[323]. Y esta letra:

El mundo solo no encierra
vuestra gloria singular,
pues fue a dominar el mar,
por no caber en la tierra.

---

[322] *Dii maris...*: «Los dioses del mar me honran recibiéndome con la dignidad de / compañero, ruegan al Océano y a Tetis que me quiten / todo lo que llevara de mortal; me purifican / y, pronunciados nueve veces sobre mí ensalmos que purificaban / los crímenes, se me ordena que coloque el pecho debajo / de cien ríos. Sin demora, se deslizan de diversas regiones / cayendo todas sus aguas sobre mi cabeza. / Hasta aquí puedo referir lo que recuerdo que sucedió; / hasta aquí es lo que recuerdo: mi mente no se dio cuenta / de lo demás»; Ovidio, *Metamorfosis* (13, 949-957), en *Obras completas,* ed. cit., 1385. Conti se refiere a este pasaje de Ovidio, sin citarlo; Conti, 590-591 («Sobre Glauco»). Vitoria cita el pasaje de Ovidio, hasta el primer verso citado por Sor Juana, y traduce ese verso así: «Los Dioses de las aguas me aceptaron / Con honra en su divina compañía»; Vitoria, I, 299 («Neptuno»).

[323] *Non capit Mundus*: «Ni el mundo entero lo abarca». Véase San Agustín, Sermón 225 (2, 3): «*Ergo cepit uterus, quod non capit mundus*» («Pues abarcó un seno al que ni el mundo entero lo abarca»), en *Obras completas de San Agustín,* vol. 24, *Sermones (4.º),* ed. bilingüe de Pío de Luis, BAC, 447 (Madrid, BAC, 1983), 280.

Segunda basa de mano siniestra

Ningún gobierno puede haber acertado si el Príncipe supremo que lo rige no impetra[324] sus aciertos de la suma sabiduría de Dios, y dejando los muchos ejemplos que de esto se hallan en las divinas letras, aun entre la ceguedad del gentilismo se hallan muchos de religión en que los príncipes pedían socorro a sus deidades para la dirección de su gobierno. Así afirma Lucio Floro lo hacían en Roma donde antes de entrar en el Senado el príncipe hacía muchos sacrificios a sus dioses, como afirma haberlo hecho César el día que le mataron[325], pues la religión y piedad no sólo sirve de ejemplo a todos, como dice Valerio Máximo: «*Exemplum multum ad mores profuit*»[326]; y Claudiano hablando de la misma materia:

---

[324] *impetrar:* «Conseguir alguna gracia en virtud de ruegos, oraciones o súplicas» (DA).

[325] *Así afirma Lucio Floro...:* «Su poder absoluto no se soportó durante mucho más tiempo, sino que Bruto y Casio y otros senadores acordaron la muerte del soberano. ¡Qué fuerza tiene el destino! La conjuración se había difundido ampliamente, incluso el mismo día se le había entregado a César un codicilo, y no había podido obtenerse un sacrificio favorable con cien víctimas. No obstante, llegó a la Curia pensando en la expedición contra los partos. Allí, al sentarse en la silla curul, le asaltó el senado y cayó al suelo con veintitrés heridas»; Floro, *Epítome de la historia de Tito Livio* (2, 13), ed. y trad. de Gregorio Hinojo Andrés e Isabel Moreno Ferrero, BCG, 278 (Madrid, Gredos, 2000), 305.

[326] *Exemplum multum...:* «El ejemplo aprovecha mucho para las costumbres». No he podido localizar esta cita (ni nada parecido) ni en Valerio Máximo ni en ningún otro escritor.

«Ad utrumque», Puerta del León (Sevilla, Reales Alcázares). Foto cortesía
de Antonio González-Alba.

Pero sirve para establecer y afirmar el Estado, como lo dijo Séneca: «*Ubi non est pudor, nec cura juris, sanctitas, pietas, fides, instabile regnum est*»[328]. Y Aristóteles: «*Non contingit, eum bonum principem agere, qui sub principe non fuit*»[329]; que aunque él lo entendió de otro hombre, nosotros podemos entenderlo del que es Rey de los Reyes y Señor de los Señores; y siendo así que sólo del cielo viene el acierto, ¿quién mejor podrá esperarlo que nuestro cristianísimo príncipe siempre atento a los divinos auxilios, con cuyo favor han sido todas sus acciones tan heroicas que pueden ser ejemplar a todos los venideros? Simbolizó este intento un navío en que se figuraba el gobierno entre las ondas de un mar. Pintóse en él Neptuno que, gobernando la proa con las manos, tenía fijos en el norte los ojos; con un mote que decía: *Ad utrumque*[330]; y la letra castellana:

> Segura en ti, al puerto aspira
> la nave del gobernar;
> pues la virtud que en ti admira,
> las manos lleva en el mar,
> pero en el cielo la mira.

---

[327] *Regis ad exemplum...*: «El mundo se comporta según el ejemplo de su gobernante»; Claudiano, *Panegírico del 4.° Consulado de Honorio Augusto,* en *Poemas* I, ed. y trad. de Miguel Castillo Bejarano, BCG, 180 (Madrid, Gredos, 1993), 218. Caro y Cejudo, en su comentario al refrán «Por do salta la cabra salta la chota», cita este verso; Caro y Cejudo, *op. cit.,* 322.

[328] *Ubi non est pudor...*: «Donde no hay pudor, ni importa la justicia, ni hay pureza, ni respeto a la familia, ni lealtad, hay un reino inestable»; Séneca, *Tiestes* (215-217), en *Tragedias,* vol. 2, ed. y trad. de Jesús Luque Moreno, BCG, 27 (Madrid, Gredos, 1980), 221. El jesuita alemán Michael Pexenfelder también cita este mismo fragmento de Séneca en el cap. 90 («Regnum, Rex, Regia administratio») de su *Apparatus eruditionis* (Núremberg, 1670), 810.

[329] *Non contingit...*: «No llega a actuar como buen príncipe el que nunca estuvo bajo un príncipe». Compárese: «*Et quantum ad hoc bene dicitur in proverbio, quod non potest bene principari, qui non fuit sub principe*» («En este sentido dice bien el proverbio que no puede mandar correctamente quien no estuvo bajo el mando de otro»); Santo Tomás de Aquino, *Sententia Politicorum* (lib. 3 l. 3 n. 10), en Santo Tomás de Aquino y Pedro de Alvernia, *Comentario a la Política de Aristóteles,* trad. de Ana Mallea, prólogo y notas de Ana Mallea y Celina A. Lértora (Pamplona, EUNSA, 2001), 205.

[330] *Ad utrumque:* «Para lo uno y para lo otro» (i.e., preparado para todo). Hoy día el Arma Submarina de la Armada española tiene esta frase *(«Ad utrumque paratus»)* como lema.

Primer intercolumnio de mano diestra

Fue el mar, en sentir de los antiguos, la fuente de las más célebres y famosas hermosuras, de cuyas espumas salió la hermosa Venus, como ella misma dijo en Ovidio, Libro 4, *Metamorfosis*.

> ... *Aliqua et mihi gratia ponto est,*
> *Si tamen in medio quondam concreta profundo*
> *spuma fui*[331];

Y en la Epístola de Dido a Eneas:

> *Praecipue cum laesus amor: quia Mater amorum*
> *Nuda Cythaer[iacis] edita fertur aquis*[332].

---

[331] *Aliqua et mihi...:* «Alguna influencia también tengo / yo sobre el ponto, si es que una vez fui una masa de espuma / en medio del absimo»; Ovidio, *Metamorfosis* (4, 536-538), en *Obras completas,* ed. cit., 989. Conti cita los vv. 531-536 y 539-542 de Ovidio, pero omite precisamente los dos últimos versos que Sor Juana reproduce aquí; Conti, 587-588 («Sobre Ino y Palemón»). Vitoria cita los versos 533-538 completos, y traduce así el fragmento que Sor Juana reproduce aquí: «Dirán que tengo mucho atrevimiento, / Mas aun en algo están de mí prendados, / Pues recibí renombre, y ser en suma, / Del hondo mar, y la marina espuma»; Vitoria, II, 353 («Venus»).

[332] *Praecipue cum laesus...:* «Y en especial cuando se ofende al Amor, porque se cuenta que la madre de los Amores vino al mundo desnuda en las aguas de Citera»; Ovidio, *Cartas de las heroínas* (7, 59-60: «Dido a Eneas»), ed. cit., 74. Compárese: «Y el mismo Ovidio en la carta que Dido escribió a Eneas dice», seguido por los versos que Sor Juana reproduce aquí, y esta traducción: «En especial, si a amor es hecha afrenta, / Porque su madre de la espuma ha sido / Engendrada en el mar según se cuenta»; Vitoria, II, 353 («Venus»).

Y Juan Boccaccio, traduciendo a Virgilio:

> *[È] giusto Cytherea, che ne mei regni*
> *Tu t[i] confidi, essendo in quelli nata*[333].

Y generalmente lo sienten así todos, atribuyéndole a ésta todas las glorias de las otras Venus, y dándola[334] el imperio de la hermosura. Nació también del mar la hermosa Galatea a quien su amante Polifemo dijo en Ovidio todas aquellas hermosas comparaciones:

> *Candidior folio nivei Galatea ligustri, etc.*[335].

Casi las mismas dice también Virgilio:

> *Nerine Galatea, thymo mihi dulcior Hyblae, etc.*[336].

Y debió también el ser a sus cristales la hermosa Tetis, madre del valeroso Aquiles; Panopea, Melita, Decerto, Leucotoe, con todo el coro de las nereidas, de quienes dijo Horacio:

> *Nos cantabimus invicem*
> *Neptunum, et virid[i]s Nereidum comas*[337].

---

[333] *È giusto...:* «Es totalmente lícito, Citerea, que tú tengas confianza en mis reinos, de donde tienes tu origen»; Boccaccio, *op. cit.*, 213. Compárese: «Y Juan Bocacio dijo, imitando a Virgilio», seguido por los versos que Sor Juana reproduce aquí; Vitoria, II, 353 («Venus»).

[334] *dándola:* dándole; laísmo.

[335] *Candidior folio...:* «Galatea, más blanca que la hoja del aleño nevado»; Ovidio, *Metamorfosis* (13, 789), en *Obras completas*, ed. cit., 1377. Vitoria cita este pasaje de Ovidio (vv. 786-807), y traduce este verso así: «O blanca más que flores de la alheña»; Vitoria, I, 277-278 («Neptuno»).

[336] *Nerine Galatea...:* «Hija de Nereo, Galatea, para mí más dulce que el tomillo del Hibla»; Virgilio, *Bucólicas* (7, 38), ed. cit., 203. Vitoria cita este pasaje de Virgilio (vv. 37-40), y traduce este verso así: «Galatea Nerina, más sabrosa / Para mi gusto, que el novillo Hibleo»; Vitoria, I, 279 («Neptuno»).

[337] *Nos cantabimus...:* «A Neptuno / cantaré y a las Nereides / de verdes cabellos»; Horacio (Oda 3, 28, 9-10), en *Odas y Epodos,* ed. cit., 309. Vitoria cita estos versos, y los traduce así: «Y nosotros a coros cantaremos, / Al Dios Neptuno, y a las Nereidas / A sus cabellos verdes loaremos»; Vitoria, I, 259-260 («Neptuno»).

Nació también de él[338] otra casi infinita copia de ninfas, por lo cual lo llamó Marcial, Casa de las Ninfas.

Nympharum pariter, Nereidumque Domus[339].

Finalmente fue el mar una cifra de todas las bellezas en lo fabuloso, y en lo verdadero es madre y principio de todas las aguas; pues habiéndolas su Criador Eterno mandado juntar a todas en un lugar, precisamente salen de allí todos los ríos, fuentes, lagunas, etc. como lo dice el Eclesiastés: «*Ad locum, unde exeunt flumina revertuntur, ut iterum fluant*»[340]. Y lo mismo creyó la Antigüedad, como refiere Natal: «*Oceanus, qui fluviorum et animantium omnium, et Deorum pater vocatus est ab Antiquis*»[341]. Y como en la excelentísima señora doña María Luisa Manrique de Lara y Gonzaga, dignísima consorte de nuestro gran príncipe, admira el mundo mucho más que la fabulosa Venus todo el imperio de la belleza, de quien ella misma pudiera con razón decir aquellos versos:

> *Haec, et caeruleis mecum consurgere digna*
> *Fluctibus, et nostra potuit considere concha*[342],

o se halló mejor jeroglífico a su hermosura que el mismo mar que significa su nombre[343]. Pintóse éste lleno de ojos, alu-

---

[338] *él:* el mar.

[339] *Nympharum pariter...*: «Mansión por igual de ninfas y nereidas»; Marcial, *Epigramas* (4, 57, 8), vol. 1, ed. y trad. de Juan Fernández Valverde y Antonio Ramírez de Verger, BCG, 236 (Madrid, Gredos, 1997), 288. Vitoria cita este verso, y lo traduce así: «y vosotras Ninfas, / A Dios quedad, con las Nereidas casas»; Vitoria, I, 260 («Neptuno»).

[340] *Ad locum...*: «van los ríos a desaguar en el mar, lugar de donde salieron, para volver a correr de nuevo»; *Eclesiastés*, 1, 7.

[341] *Oceanus, qui fluviorum...*: «Se dice que Océano, que fue llamado por los antiguos padre de los ríos, de todos los seres vivos y de los dioses»; Conti, 578 («Sobre Océano»).

[342] *Haec, et caeruleis...*: «Ésta era digna de surgir conmigo de las azuladas aguas y pudo ocupar un sitio conmigo en mi concha»; Estacio, *Silvas* (1, 2, 117-118), citado en Conti, 286 («Sobre Venus»). Vitoria cita estos versos, y los traduce así: «Bien podrás navegar conmigo al lado / Los verdinegros mares, y sentarte / En la concha que a mí sirve de estrado»; Vitoria, II, 355 («Venus»).

[343] *el mismo mar que significa su nombre:* sobre la relación entre *mar* y *María* —en este caso la virreina María Luisa—, véase nota 352, *infra*.

diendo a los que forma con sus aguas, con este mote: *Alit, et allicit*[344], y esta redondilla más abajo:

Si al mar sirven de despojos
los ojos de agua que cría,
de la belleza es María,
mar que se lleva los ojos.

---

[344] *Alit, et allicit*: «Alimenta y halaga»; «*allicit*» también podría traducirse por «seduce» o «atrae».

Segundo intercolumnio

Ser la estrella de Venus la más hermosa del firmamento, ella misma lo prueba con sus tan apacibles como lucientes rayos. Ella es la que nos anuncia y trae al sol, y saliendo del océano destierra las tinieblas de la noche, como lo dijo el Poeta:

> *Qualis ubi Oceani perfusus Lucifer unda,*
> *quem Venus ante alios astrorum diligit ign[i]s*[345].

Y en otra parte:

> *Nascere, [praeque] diem veniens age Lucifer almum*[346].

Y Claudiano:

---

[345] *Qualis ubi Oceani...*: «Lo mismo que la estrella mañanera que ama a Venus / más que a la lumbre de los otros astros / cuando alza al cielo su divino rostro, húmedo todavía de las ondas del mar»; Virgilio, *Eneida* (8, 589-590), ed. cit., 394. Vitoria cita estos dos versos, y los traduce así: «Cual suele aparecer el rutilante / Lucero rociado con el agua / Del Oriental Océano, ahuyentando / Con su sagrado rostro las tinieblas, / Astro del alma Venus más querido, / Que cuantos tiene el estrellando Cielo»; Vitoria, II, 386 («Venus»).

[346] *Nascere, praeque diem...*: «Aparece ya, Lucero, y, anticipándote, envía el almo día»; Virgilio, *Bucólicas* (8, 17), ed. cit., 206. Vitoria cita este verso, explicando que «esta estrella es anunciadora del Sol»; Vitoria, II, 386 («Venus»). Sor Juana, al igual que Vitoria, da *«perque»* en vez de *«praeque»*.

Dilectus Veneri nascitur Hesperus[347].

El cual[348] no sólo es precursor del día en su nacimiento, pero alumbra y alegra la tarde, como lo dice Séneca: «*[Talis] est, primas referens tenebras, nuntius noctis*»[349]. Y Ovidio:

Hesper[o]s et fusco ros[c]idus ibat equo[350].

Y Virgilio:

Ite domum, saturae, venit Hesperus; ite capellae[351].

De manera que vive este nobilísimo astro tan atento al sol en el oriente como en el ocaso, por lo cual los egipcios lo ponían por símbolo del crepúsculo. Y con más propiedad lo es de una fidelísima esposa tan unida a su caro consorte en lo próspero como en lo adverso, tan fina en la tristeza como en la alegría, tan amante en la muerte como en la vida. Propria idea de nuestra refulgente estrella, la excelentísima señora doña María Luisa, en quien se hallan todas las propriedades de lucero que anuncia con sus rayos serenidades a este reino; señora del mar, pues su nombre en el hebreo significa *Domina Maris, vel Doctrix, et Magistra Maris*[352]. ¿Y de dónde

---

[347] *Dilectus Veneri...*: «Surge Héspero, amado de Venus»; Claudiano, *Nupcias de Honorio Augusto* (4, 2), en *Poemas* I, ed. y trad. de Miguel Castillo Bejarano, BCG, 180 (Madrid, Gredos, 1993), 262.

[348] *El cual:* Héspero, el planeta Venus.

[349] *Talis est, primas...*: «[Y es tu belleza] cual la del mensajero de la noche, / que trae de nuevo las primeras sombras»; Séneca, *Fedra* (749-750), en *Tragedias*, vol. 2, ed. cit., 60.

[350] *Hesperos et fusco...*: «Y la Estrella de la Tarde cabalgaba cubierta de rocío en un caballo tordo»; Ovidio, *Fastos* (2, 314), ed. cit., 74.

[351] *Ite domum...*: «Tornad al establo hartas, aparece ya el Lucero, tornad, cabrillas mías»; Virgilio, *Bucólicas* (10, último verso), ed. cit., 221. Vitoria cita este verso, y lo traduce así: «Mis cabras hartas id a casa aína, / Que el Héspero a nosotros se avecina»; Vitoria, II, 386 («Venus»).

[352] *Domina Maris...*: «Señora del Mar, o Doctora y Maestra del Mar». Sor Juana sigue a Covarrubias: «María. Nombre propio, que en la lengua hebrea vale tanto como *exaltata vel amaritudinis mare, aut myrrha maris sive doctrix et*

nos podía venir este lucero clarísimo sino de España, dicha *Hesperia?*:

> *Qui nunc Hesperia victor ab ultima*[353].

Y más propriamente de Italia, de quien absolutamente se entiende este nombre, como dice Virgilio:

> *Est locus, Hesperiam Grai cognomine dicunt*[354];

donde tiene origen la nobilísima casa de los señores duques de Mantua, aquella tan amada patria de Virgilio que fue en sus cariños antepuesta a la imperial Roma, y a quien celebraba con el nombre Galatea:

> *Namque (fatebor enim) dum me Galatea tenebat,*
> *Nec spes libertatis erat, nec cura peculi*[355].

Y con más razón debe ser ahora por madre de tan benigna estrella que, serenando el mar con su belleza, anuncia a este reino felicidades con sus influjos. Pintóse, para expresar el

---

magistra maris. Aut ex Siro et hebraeo domina maris» («o ensalzada en un mar de amargura, o mirra del mar o doctora y maestra del mar. O proveniente del sirio y del hebreo, "señora del mar"»); Covarrubias, *op. cit.*, 790. Por su parte, San Isidoro de Sevilla escribe lo siguiente: «*María* es "la que ilumina", o "estrella del mar"; pues engendró la luz del mundo. En lengua siria, María quiere decir "la Señora"; y con toda razón, porque engendró al Señor»; San Isidoro de Sevilla, *Etimologías* (7, 10, 1), vol. 1, ed. cit., 677.

[353] *Qui nunc Hesperia...*: «El cual victorioso desde la remota Hesperia [volvió]». Sor Juana modifica el verso de Horacio, que reza así: *«qui nunc Hesperia sospes ab ultima»* («quien sano y salvo / del fondo de Hesperia [volvió]»); Horacio (Oda 1, 36, 4), en *Odas y Epodos*, ed. cit., 165. Johann Hoffman cita el verso de Horacio en su definición de «Hesperia»; véase Hoffmann, *op. cit.*, vol. 2, 504v. Sólo he encontrado el cambio de *«sospes»* por *«victor»* en Pirro Ligorio, *Delle antichità romane* (Venecia, 1553).

[354] *Est locus...*: «Existe una comarca, los griegos la conocen con el nombre de Hesperia»; Virgilio, *Eneida* (1, 530), ed. cit., 156. Textor cita este verso en su definición de «Italia»; véase Textor, *op. cit.*, vol. 2, 173.

[355] *Namque (fatebor enim)...*: «Pues, he de confesarlo, mientras estaba en poder de Galatea, ni esperanza de libertad tenía ni cuidado de mi hacienda»; Virgilio, *Bucólicas* (1, 31-32), ed. cit., 172. Sabat explica: *«Galatea:* nombre con que identificaba Virgilio a su tierra».

pensamiento, una nave en medio de un mar, y arriba el lucero que le influía serenidades; con este mote: *Ex Hesperia Hesperus*[356], y esta letra castellana:

Cuando se llegó a embarcar
de Mantua la luz más bella,
tener el mar tal estrella,
fue buena estrella del mar.

Ésta fue la corta demostración que esta imperial metrópoli consagró obsequiosa al excelentísimo señor marqués de la Laguna, meritísimo virrey y capitán general de esta Nueva España, y la idea en que se estrecharon sus gloriosas proezas, librando el venerabilísimo Cabildo el desempeño de su amor en futuros servicios y actuales peticiones al cielo para la prosperidad y vida de tanto príncipe. Que exceda la capacidad de nuestros deseos. Vale[357].

[356] *Ex Hesperia Hesperus:* «De Hesperia viene Héspero». Héspero: «El planeta Venus cuando a la tarde aparece en el occidente (DRAE, 1803).

[357] *Vale:* «Voz latina usada en castellano para despedirse en estilo cortesano y familiar: y significa "Dios te dé salud"» (DA).

Explicación del arco

Si acaso, príncipe excelso,
cuando invoco vuestro influjo
con tan divinos ardores
yo misma no me confundo;
si acaso, cuando a mi voz   5
se encomienda tanto asunto,
no rompe lo que concibo
las cláusulas que pronuncio;
si acaso, cuando ambiciosa
a vuestras luces procuro   10
acercarme, no me abrasan
los mismos rayos que busco[358];
escuchad de vuestras glorias,
aunque con estilo rudo,
en bien copiadas ideas   15
los mal formados trasuntos.
Este, señor, triunfal arco,
que artificioso compuso
más el estudio de amor
que no el amor del estudio;   20
éste, que en obsequio vuestro
gloriosamente introdujo
a ser vecino del cielo
el afecto y el discurso;

---

[358] *a vuestras luces...*: «Se presenta al marqués como sol» (Sabat).

este Cicerón sin lengua,   25
este Demóstenes mudo,
que con voces de colores
nos publica vuestros triunfos;
este explorador del aire,
que entre sus arcanos puros   30
sube a investigar curioso
los imperceptibles rumbos[359];
esta atalaya del cielo,
que a ser racional, presumo
que al sol pudiera contarle   35
los rayos uno por uno;
este Prometeo de lienzos
y Dédalo de dibujos,
que impune usurpa los rayos[360],
que surca vientos seguro[361];   40
éste, a cuya cumbre excelsa
gozando sacros indultos[362],
ni aire agitado profana,
ni rayo ofende trisulco[363];
éste, pues, que aunque de altivo   45
goza tantos atributos,

---

[359] *este explorador...:* «Se pondera, exagerando, la altura del arco» (Sabat).

[360] *este Prometeo...:* «Este arco triunfal, por su altura —exagerada poéticamente— *usurpa* o roba *los rayos* al Sol, como *Prometeo,* el titán hijo de Japeto, robó para los hombres el fuego de Júpiter; sólo que lo logra *impunemente,* a diferencia de Prometeo, que fue castigado encadenándolo a una roca, donde un buitre le devoraba todos los días el hígado, que por las noches le volvía a crecer» (Salceda).

[361] *y Dédalo...:* «El Arco, al elevarse en el aire, *surca* los *vientos* sin ser derribado: como *Dédalo,* el famoso constructor del laberinto de Creta, que huyó en unión de su hijo Ícaro de la reclusión en que los tenía Minos, valiéndose de unas alas que fabricó con plumas unidas con cera; volando con ellas logró escapar *seguro,* porque se mantuvo lejos del mar y del sol, pero Ícaro pereció al acercarse imprudentemente a este astro, cuyo calor derritió la cera y le desprendió las alas *(Metam.,* 8)» (Salceda).

[362] *gozando sacros indultos:* Salceda escribe: «El Arco goza el mismo privilegio del Olimpo», y cita estos versos del *Primero sueño* de Sor Juana (núm. 216, vv. 313-315): «cuya sosegada frente / nunca de aura agitada / consintió ser violada».

[363] *trisulco:* «Lo que tiene tres púas o puntas» (DA); *rayo trisulco:* «de tres lenguas o puntas, como se pinta el de Júpiter» (Salceda).

190

hasta estar a vuestras plantas
no mereció el grado sumo;
la metrópoli imperial[364]
os consagra por preludio   50
de lo que en servicio vuestro
piensa obrar el amor suyo,
con su sagrado pastor[365],
a cuyos silbos y a cuyo
cayado, humilde rebaño   55
obedece el Nuevo Mundo
el que mejor que el de Admeto[366],
siendo deidad y hombre justo,
sin deponer lo divino
lo humano ejercitar supo,   60
y el venerable Cabildo,
en quien a un tiempo descubro,
si inmensas flores de letras,
de virtud colmados frutos.
Y satisfaga, (señor),   65
mientras la idea discurro,
el afecto que os consagro,
a la atención que os usurpo.

[Primer lienzo]

Aquel lienzo, señor, que en la fachada
corona airosamente la portada,   70
en que émulo de Apeles[367]

---

[364] *la metrópoli imperial:* la Catedral Metropolitana de la Ciudad de México.

[365] *su sagrado pastor:* «El arzobispo fray Payo de Rivera, que ejercía en aquellos momentos como virrey. A la ejemplaridad con que desarrollaba sus funciones se alude en seguida» (Sáinz).

[366] *Admeto:* «fue un rey de Tesalia, esposo de Alcestes y protegido por Apolo y Perséfone. La relación con el prelado resulta un tanto forzada» (Sáinz); *el de Admeto:* «Apolo, obligado a servir de *pastor* al rey Admeto, en castigo de haber atacado a los cíclopes, o a los hijos de éstos según otra versión» (Salceda).

[367] *Apeles:* «el más destacado entre los pintores de la antigua Grecia» (Sáinz).

con docta imitación de sus pinceles
al mar usurpa la fluxible plata[368]
que en argentadas ondas se dilata,
en cuyo campo hermoso está copiado 75
el monarca del agua[369] coronado,
a cuya deidad sacra pone altares
el Océano[370], padre de los mares,
que al cerúleo tridente
inclina humilde la lunada frente, 80
y el que fue con bramidos, terror antes,
a los náufragos, tristes navegantes[371],
ya debajo del yugo que le oprime
tímido muge y reverente gime,
sustentando en la espalda cristalina 85
tanta de la república marina
festiva copia, turba que nadante
al [árbitro] del mar[372] festeja amante,
y en formas varias que lucida ostenta[373],
las altas representa 90
virtudes, que en concierto eslabonado
flexible forman círculo dorado
que sirve en un engace y otro bello
de esmaltada cadena al alto cuello:
un bosquejo es, señor, que con torpeza 95
los de vuestra grandeza
blasones representa, esclarecidos,
de timbres heredados y adquiridos,
pues con generosas prontitudes

---

[368] *fluxible plata:* «fluida corriente del mar» (Sabat).
[369] *el monarca del agua:* «Poseidón o Neptuno, hijo de Cronos y Rea, dios del mar, en quien se simbolizaba al nuevo virrey, teniendo en cuenta el nombre de marquesado» (Sáinz).
[370] *Océano:* «el gran dios marino, "el río perfecto" (Hesíodo), hijo de Urano y Gea; generador de todas las aguas y padre de los ríos y de las ninfas marinas, y esposo de Tethys» (Salceda).
[371] *y el que fue con bramidos...:* «Océano, con sus bramidos, ha sido el terror de los náufragos» (Sabat).
[372] *árbitro del mar:* Neptuno.
[373] *que lucida ostenta:* «se refiere a "copia" del v. 87» (Sabat).

os acompañan todas las virtudes,   100
que estáis de sus empresas adornado,
cuando más solo, más acompañado.

[Segundo lienzo]

En el otro, señor, que a mano diestra
en aquella anegada ciudad muestra,
cuanto puede incitado   105
el poder de los dioses irritado,
se ve la reina de los dioses, Juno,
el socorro impetrando de Neptuno,
que hiere con el ínclito tridente
al que retrocedente   110
cerúleo monstruo[374], ya con maravilla
al límite se estrecha[375] de la orilla.
Y no menos (señor) de vuestra mano,
la cabeza del reino americano,
que por su fundamento   115
a las iras del líquido elemento
expuesta vive, espera asegurada
preservación de la invasión salada[376].

[Tercer lienzo]

Allí, señor, errante peregrina,
Delos, siempre en la playa cristalina   120
con mudanza ligera
fue de su misma patria forastera[377];
pero apenas la toca

---

[374] *cerúleo monstruo:* mar azul.

[375] *se estrecha:* «se ciñe» (Sabat).

[376] *la cabeza del reino americano...:* «La cabeza (ciudad de México) del reino americano que por su fundamento vive expuesta a las iras del elemento líquido, no espera menos, señor; espera con toda seguridad, de vuestra mano, la preservación de la invasión salada (de las aguas del mar)» (Sabat).

[377] *Delos...:* «Delos era peregrina en su propia patria a causa de su movilidad» (Sabat); véase nota 194, *supra,* sobre la inestabilidad de Delos.

el rector de las aguas[378], cuando roca
ya en fijo centro estriba,   125
de ondas y vientos burladora, altiva,
que a bienes conmutando ya sus males[379]
patria es de los faroles celestiales[380],
en quien México está representada[381]:
ciudad sobre las ondas fabricada,   130
que en césped titubante[382]
ciega gentilidad fundó ignorante[383];
si ya no providencia misteriosa
émula de Venecia la hizo hermosa
porque nadie pudiese en su primera cuna   135
consagrarse al señor de la Laguna;
en quien por más decoro
nace en plata Dïana, y Febo en oro[384],
que a vuestras plantas postren a porfía
cuanto brilla la noche y luce el día.   140

[Cuarto lienzo]

Allí se ven los griegos
dando alcance a los míseros troyanos,
que del futuro engaño presagientes[385]

---

[378] *el rector de las aguas:* Neptuno.

[379] *a bienes conmutando...:* «cambiando sus males por bienes» (Sabat).

[380] *los faroles celestiales:* «el Sol y la Luna, o [sea] Apolo y Diana, nacidos en Delos» (Salceda).

[381] *en quien México...:* «La ciudad de México está representada por Delos» (Sabat).

[382] *titubante:* «titubeante»; *titubear:* «Perder la estabilidad y firmeza, amenazando ruina. Dícese comúnmente de los edificios y fábricas, y algunos dicen *titubante*» (DA).

[383] *ciega gentilidad...:* «La autora reprocha a los indígenas fundadores de México el haber levantado la ciudad sobre las aguas» (Sáinz).

[384] *nace en plata...:* «Ya nos referimos antes a la creencia antigua de que el Sol *(Febo* o Apolo) engendra el *oro,* y la Luna *(Diana)* la *plata.* Aquí la ciudad de México simboliza a toda la entonces Nueva España, tan rica en plata y oro» (Salceda). Véase nota 204 *supra.*

[385] *presagientes:* «que presagiaban el *engaño* que les harían los griegos con la treta del caballo de Troya» (Salceda).

194

de los griegos ardientes,
sienten en las centellas del acero   145
anuncios del incendio venidero[386],
y eligen el seguro
en la interposición del alto muro[387],
que de sonoras cláusulas formado[388],
y luego desatado   150
al son de disonante artillería
soltó discordia lo que ató armonía.
Allí el hijo de Tetis[389] arrogante
al de Venus[390] combate y, fulminante,
tantos le arroja rayos,   155
que en pálidos desmayos
ya el troyano piadoso[391]
casi a Lavinia hermosa sin esposo
dejara, y en un punto
sin rey a Roma, a Maro sin asunto[392],   160
si de nube auxiliar en seno oculto
no escondiera su bulto[393]

---

[386] *incendio venidero:* «el futuro incendio de la ciudad de Troya» (Sabat).

[387] *el seguro…:* «el estar libre de peligro poniendo entre los dos bandos el alto muro de Troya» (Sabat).

[388] *alto muro…:* «El *muro* de Troya fue *formado de sonoras cláusulas,* por Neptuno al son de la lira de Apolo» (Salceda).

[389] *el hijo de Tetis:* «Aquiles, hijo del rey Peleo y de Tetis, una de las Nereidas, héroe de la guerra de Troya» (Sáinz).

[390] *al de Venus:* «Eneas, esforzado defensor de Troya y fundador de Roma. Era hijo de Anquises y Afrodita o Venus» (Sáinz).

[391] *el troyano piadoso:* Eneas.

[392] *casi a Lavinia hermosa…:* «Cuando Troya fue tomada y destruida por los griegos, *Eneas* huyó, por orden de su madre Venus, llevando consigo a su hijo Ascanio, a su padre Anquises y a los penates de la ciudad, con varios compañeros supervivientes, para ir a fundar en Italia una nueva Troya. Después de larga y azarosa travesía, se estableció en el Lacio y casó con *Lavinia,* la hija del rey Latino, dando origen a la dinastía de la que habrían de salir los fundadores y reyes de Roma. De esta manera puede ser considerado *rey de Roma.* Todo esto forma el asunto de *La Eneida,* la gran epopeya de Virgilio, aquí designado por su cognomen (tercer nombre) latino: Publius Virgilius *Maro.* Pero todo esto no habría llegado a suceder si Eneas hubiera perecido a manos de Aquiles durante la guerra de Troya» (Salceda).

[393] *bulto:* cuerpo.

y burlara el deseo
del atrevido hijo de Peleo,
el padre de los vientos[394], poderoso,   165
cuanto más ofendido, más piadoso:
que tiene la deidad por alto oficio
oponer a un agravio un beneficio;
lo cual en vos se mira ejecutado,
pues no soborna el mérito al agrado   170
sino que, por mil modos,
sois como el sol, benigno para todos.

[Quinto lienzo]

En el otro tablero,
empresa del que es héroe verdadero
el espumoso dios, a quien atentos   175
obedecen los mares y los vientos,
a los centauros doctos, que del fiero
Alcides no el acero
con que la clava adorna de arrogancia
huyen, sino el furor de la ignorancia,   180
cuya fiereza bruta
ofende sin saber lo que ejecuta,
dulce les da acogida,
con una acción salvando tanta vida.
Viva gallarda idea   185
de la virtud (señor) que en vos campea
pues con piadoso estilo
sois de las letras el mejor asilo.

---

[394] *el padre de los vientos:* «Aquí, Neptuno. Según Hesíodo *(Teogonía)*, los vientos son hijos del Titán Astreo y de la Aurora. Aunque su rey era Eolo, en el mar estaban sometidos a Neptuno, como se ve en *La Eneida* [1, 124-142], donde los increpa duramente por haber desatado sin su permiso la tempestad contra Eneas y les recuerda que no es a su rey, sino a él, a quien fue dado el imperio del mar» (Salceda).

[Sexto lienzo]

Allí, señor, en trono transparente
constelación luciente   190
forma el pez que fletó, viviente nave,
del náufrago Arión la voz süave,
que en métrica dulzura
el poder revocó a la Parca dura:
que a doloroso acento lamentable,   195
ni es sordo el mar, ni el hado inexorable;
y elocuente orador, Tulio escamado[395],
el cuello no domado[396],
el desdén casto de Anfitrite hermosa,
en la unión amorosa   200
del que reina en los campos de Nereo[397],
redujo al dulce yugo de Himeneo[398],
a cuyo beneficio el siempre augusto
remunerador justo,
de nueve las más bellas   205
del luminoso número de estrellas,
asterismo[399] le adorna tan lucido,

---

[395] *Tulio escamado:* «Se compara con Cicerón al delfín que con su elocuen-
cia persuadió a la esquiva Anfitrite, hija del Océano, a casarse con Neptuno.
Los dos cetáceos son considerados genéricamente, atribuyéndoseles la condi-
ción de "pez" y de "escamado"» (Sáinz de Medrano); véase nota 247, *supra.*

[396] *el cuello no domado:* «Se refiere al cuello del delfín donde se montó Arión,
el cual, a diferencia del caballo, no es animal domado ni usado como trans-
porte» (Sabat).

[397] *Nereo:* «dios del mar, caracterizado por su bondad, sentido de la justicia
y perspicacia. Era padre de las Nereidas» (Sáinz). *El que reina en los campos de
Nereo:* «Neptuno, del cual dice Ovidio *(Metam.,* 12, 94) que gobierna a Nereo,
a las hijas de éste y toda la extensión del mar» (Salceda).

[398] *Himeneo:* «era hijo de Dionisos y Venus. Era protector del matrimonio
y sus himnos se cantaban durante las ceremonias nupciales» (Sáinz de Medra-
no); «Se refiere a la función de "embajador" del delfín quien persuadió a An-
fitrite para que aceptara a Neptuno [...] como marido» (Sabat).

[399] *asterismo:* «constelación. En este caso la de Piscis, en la que fue converti-
do el delfín por Neptuno en pago a su servicio» (Sáinz).

que el mar, que le fue nido,
ya al brillante reflejo
[digno] apenas se ve de ser espejo.   210
¡Qué mucho, gran señor, si fue Neptuno
prototipo oportuno
de vuestra liberal augusta mano,
con que imitando al numen soberano,
castigáis menos que merece el vicio   215
y dais doblado premio al beneficio!

[Séptimo lienzo]

El otro lienzo copia, belicosa,
a la tritonia diosa,
que engendrada una vez, dos concebida,
y ninguna nacida,   220
fue la inventora de armas y las ciencias[400];
pero aquí con lucidas competencias
de la deidad que adora poderosa:
océano, del sol tumba espumosa[401],
a quien con verdinegros labios besa   225
por más gloriosa empresa
el regio pie que el mar huella salado
con coturno de espumas argentado.

---

[400] *a la tritonia diosa...:* «Minerva, apodada frecuentemente *Tritonia*, por haber nacido a las márgenes de la fuente Tritón, fue engendrada por Júpiter en Metis; pero habiendo sabido él que ésta había de darle hijos muy sabios, alguno de los cuales llegaría a ser rey de los dioses y de los hombres, la engulló cuando ya había ella concebido a Minerva; y después hizo que Vulcano le diese a él un hachazo en la cabeza, de la que salió Minerva armada de todas armas» (Salceda); véase nota 268, *supra*.

[401] *océano, del sol tumba espumosa:* Salceda explica: «el *Océano* es la *tumba espumosa del Sol*, pues en él parece morir éste al ocultarse al ocaso». Y luego cita los siguientes versos de Sor Juana (núm. 380, vv. 158-165): «desde donde infante el *Sol* / se mece en cuna de grana, / hasta donde Fénix muere / y a sus luces apagadas / celebra el *mar* las exequias, / dando a sus difuntas llamas / *marítimos panteones* / de bóvedas turquesadas».

Competidora, pues, y aun vencedora[402],
a la gran madre[403] ahora   230
apenas hiere, cuando pululante[404],
aunque siempre de paz, siempre triunfante,
verde produce oliva que adornada
de pacíficas señas[405], y agravada
en su fruto de aquel licor precioso   235
que es Apolo nocturno al estudioso[406],
al belígero opone bruto armado,
que al toque del tridente fue crïado[407].
La paz, pues, preferida
fue de alto coro[408], y la deidad vencida   240
del húmedo elemento,
hizo triunfo del mismo vencimiento:
pues siendo prole a quien él mismo honora
la hermosísima sabia vencedora,
solamente podía   245

---

[402] *pero aquí con lucidas competencias...:* «Minerva adora a la deidad poderosa:
el océano (Neptuno), que es tumba espumosa del sol (cuando en la tarde éste
muere). Pero aquí, en lucidas competencias (sobre poner nombre a la ciudad
de Atenas; véase la parte en prosa), el océano le besa a Minerva con verdine-
gros labios (por el verde del mar y negros porque va cayendo la noche) el re-
gio pie calzado con espumas plateadas que huella el mar salado. Competido-
ra (Minerva), pues, y aun vencedora...» (Sabat).

[403] *la gran madre:* «la tierra, de la que la diosa, en su competencia con Nep-
tuno, hizo brotar el olivo» (Sáinz); véase nota 48, *supra.*

[404] *pululante:* lo que pulula o brota.

[405] *pacíficas señas:* «banderas de paz» (Salceda).

[406] *y agravada en su fruto...:* «la oliva prensada *(agravada)* en su fruto (la acei-
tuna), da el aceite: *licor precioso* que, al quemarse en las lámparas, ilumina por
la noche, haciendo los oficios de un sol *(Apolo) nocturno* para el que estudia»
(Salceda).

[407] *apenas hiere, cuando pululante...:* «Apenas Minerva hiere, pacífica y triun-
fante, la tierra (con su pie) que, pululante (que empieza a brotar, a echar vás-
tagos) produce verde oliva, símbolo de paz; y que al ser prensada (agravada),
su fruto produce el aceite, licor precioso que hace durante la noche el oficio
de Apolo (el Sol), al estudioso; esta oliva la opone al belígero (guerrero) bruto
armado que fue criado al brote del tridente de Neptuno. (Se habla del caballo,
véase la parte en prosa correspondiente)» (Sabat).

[408] *alto coro:* «el conjunto de los dioses, jueces de la competencia [entre
Neptuno y Minerva]» (Salceda).

a su propria ceder sabiduría[409].
Así (señor) los bélicos ardores
que de progenitores
tan altos heredáis que en vuestras sienes
los triunfantes no caben ya desdenes   250
del Sol[410], e indignos de formar guirnalda
a vuestros pies alfombra de esmeralda
tejen, porque aumentando vuestras glorias
holléis trofeos y piséis victorias.
Este, pues, sólo pudo alto ardimiento   255
ceder a vuestro proprio entendimiento,
pues si algo, que el valor más vuestro hubiera,
más de lo más, vuestro discurso fuera[411].

[Octavo lienzo]

En el otro tablero que, eminente,
corona la portada[412] la alta frente,   260
y en el más alto asiento
le da a todo el asunto complemento,
el claro dios, a Laomedón perjuro,
el levantado muro,

---

[409] *pues siendo prole...*: «Según [Conti], Minerva fue engendrada por Neptu-
no. El ser vencido por ella era dejarse vencer por su propia sabiduría (la de
Neptuno, identificada con Minerva)» (Sabat).

[410] *en vuestras sienes...*: Salceda explica: «Dafne, amada por Apolo (el *Sol*), lo
desdeñó, y huyendo de su amorosa persecución, se transformó en laurel, que
vino así a ser el árbol propio de Apolo, y de cuyas hojas se hacían las coronas
para los triunfadores (Ovid. *Metam.*, 1). Entonces, los *triunfantes desdenes del Sol*
son las coronas de laurel correspondientes a los triunfos del Marqués, que por
ser tantas no caben ya en sus sienes»; y luego añade que esta misma metáfora
figura en los siguientes versos de Sor Juana (núm. 215, vv. 109-112): «¡oh Sil-
va famoso, cuyas sienes / no los verdes *desdenes* / de Dafne ceñir deben, sí de
estrellas / corona inmarcesible!».

[411] *Este, pues, sólo pudo...*: «Sólo este vuestro alto valor (ardimiento) pudo ce-
der a vuestro propio entendimiento, pues si hay algo que valga más que vues-
tro valor (más de lo mucho que vuestro valor vale) sería vuestro discurso (ra-
ciocinio)» (Sabat).

[412] *portada*: «El ornato de Arquitectura o Pintura que se hace en las facha-
das principales de los edificios suntuosos, para su mayor hermosura» (DA).

émulo del tebano[413],   265
con divina fabrica diestra mano[414],
a cuyo beneficio,
viendo el sin par magnífico edificio,
la docta antigüedad, reconocida,
dios de los edificios le apellida.   270
Así (excelso señor, claro Neptuno)
en el paterno amparo y oportuno
vuestro[415], la tantos años esperada
perfección deseada
libra la soberana en cuanto brilla   275
imperial mexicana maravilla[416],
que pobre en sus acciones,
de las que merecéis demostraciones,
si de deseos rica,
aquella triunfal máquina os dedica,   280
de no vulgar amor muestra pequeña,
que arrogante desdeña
las de ostentación muestras pomposas,
reducidas a verdades amorosas.

Entrad, señor, si el que tan grande ha hecho   285
tantos años la sabia arquitectura
es capaz de que quepa en su estructura
la magnanimidad de vuestro pecho.
Que no es mucho si allá le vino estrecho
el templo, de Neptuno a la estatura[417],   290
que a vos la celestial bóveda pura
os sirva sólo de estrellado techo;

---

[413] *émulo del tebano:* rival del muro de Tebas.

[414] *el claro dios...:* «Neptuno, fabrica con diestra mano el muro de Troya, para Laomedón, el rey que había encargado esa construcción a Neptuno y Apolo jurando darles una recompensa por ello y que, una vez concluida la obra, se negó a cumplir su juramento» (Salceda).

[415] *en el paterno amparo...:* «en el paterno y oportuno amparo vuestro» (Sabat).

[416] *imperial mexicana maravilla:* la Catedral.

[417] *el templo...:* véase nota 303, *supra,* y Cartari, 168-169.

pero entrad, que si acaso a tant[a] alteza
es chico el templo, amor os edifica
otro en las almas de mayor firmeza
que de mentales pórfidos fabrica[418];
que como es tan formal vuestra grandeza,
inmateriales templos os dedica.

S. C. S. M. E. C. R[419].
LAUS DEO,
Eiusque Sanctissimae Matri sine labe conceptae,
atque Beatissimo Iosepho[420].

---

[418] *amor os edifica...:* «el amor que os tenemos os edifica otro templo de mayor firmeza en las almas, fabricado con pórfidos mentales. Es decir, con pensamientos hermosos. "Pórfidos": mármol de color rojo con pintas verdes» (Sabat).
[419] *S. C. S. M. E. C. R.*: *Subiicio correctioni Sanctae Matris Ecclesiae Catholicae Romanae:* «Me someto a la corrección de la Santa Madre Iglesia Católica Romana» (Salceda).
[420] *Laus Deo...:* «¡Alabanza a Dios y a su Santísima Madre, sin mancha concebida, y al Santísimo José!» (Salceda).

Colección Letras Hispánicas

ÚLTIMOS TÍTULOS PUBLICADOS

585 *Arte nuevo de hacer comedias*, LOPE DE VEGA.
   Edición de Enrique García Santo-Tomás.

586 *Anticípolis*, LUIS DE OTEYZA.
   Edición de Beatriz Barrantes Martín.

587 *Cuadros de amor y humor, al fresco*, JOSÉ LUIS ALONSO DE SANTOS.
   Edición de Francisco Gutiérrez Carbajo.

588 *Primera parte de Flores de poetas ilustres de España*, PEDRO
   ESPINOSA.
   Edición de Inoria Pepe Sarno y José María Reyes Cano.

589 *Arquitecturas de la memoria*, JOAN MARGARIT.
   Edición bilingüe de José Luis Morante.

590 *Cuentos fantásticos en la España del Realismo.*
   Edición de Juan Molina Porras.

591 *Bárbara. Casandra. Celia en los infiernos*, BENITO PÉREZ GALDÓS.
   Edición de Rosa Amor del Olmo.

592 *La Generación de 1936. Antología poética.*
   Edición de Francisco Ruiz Soriano.

593 *Cuentos*, MANUEL GUTIÉRREZ NÁJERA.
   Edición de José María Martínez.

594 *Poesía. De sobremesa*, JOSÉ ASUNCIÓN SILVA.
   Edición de Remedios Maraix.

595 *El recurso del método*, ALEJO CARPENTIER.
   Edición de Salvador Arias.

596 *La Edad de Oro y otros relatos*, JOSÉ MARTÍ.
   Edición de Ángel Esteban.

597 *Poesía. 1979-1996*, LUIS ALBERTO DE CUENCA.
   Edición de Juan José Lanz.

598 *Narraciones*, GUSTAVO ADOLFO BÉCQUER.
   Edición de Pascual Izquierdo.

599 *Artículos literarios en la prensa (1975-2005).*
   Edición de Francisco Gutiérrez Carbajo y José Luis Martín
   Nogales.

600 *El libro de la fiebre*, CARMEN MARTÍN GAITE.
   Edición de Maria Vittoria Calvi.

601 *Morriña*, EMILIA PARDO BAZÁN.
   Edición de Ermitas Penas Varela.

602 *Antología de prosa lírica*, JUAN RAMÓN JIMÉNEZ.
   Edición de M.ª Ángeles Sanz Manzano.

603 *Laurel de Apolo*, LOPE DE VEGA.
    Edición de Antonio Careño.
604 *Poesía española [Antologías]*, GERARDO DIEGO.
    Edición de José Teruel
605 *Las Casas: el Obispo de Dios (La Audiencia de los Confines. Crónica en tres andanzas)*, MIGUEL ÁNGEL ASTURIAS.
    Edición de José María Vallejo García-Hevia.
606 *Teatro completo (La petimetra, Lucrecia, Hormesinda, Guzmán el Bueno)*, NICOLÁS FERNÁNDEZ DE MORATÍN.
    Edición de Jesús Pérez Magallón.
607 *Largo noviembre de Madrid. La tierra será un paraíso. Capital de la gloria*, JUAN EDUARDO ZÚÑIGA.
    Edición de Israel Prados.
608 *La Dragontea*, LOPE DE VEGA.
    Edición de Antonio Sánchez Jiménez.
609 *Segunda parte de la vida del pícaro Guzmán de Alfarache*.
    Edición de David Mañero Lozano.
610 *Episodios nacionales (Quinta serie)*, BENITO PÉREZ GALDÓS.
    Edición de Francisco Caudet.
611 *Antología en defensa de la lengua y la literatura españolas (Siglos XVI y XVII)*, VV.AA.
    Edición de Encarnación García Dini.
612 *El delincuente honrado*, GASPAR MELCHOR DE JOVELLANOS.
    Edición de Russell P. Sebold.
613 *La cuna y la sepultura. Doctrina moral*, FRANCISCO DE QUEVEDO Y VILLEGAS.
    Edición de Celsa Carmen García Valdés.
614 *La hija de Celestina*, ALONSO JERÓNIMO DE SALAS BARBADILLO.
    Edición de Enrique García Santo-Tomás.
615 *Antología rota*, LEÓN FELIPE.
    Edición de Miguel Galindo.
616 *El mundo alucinante (Una novela de aventuras)*, REINALDO ARENAS.
    Edición de Enrico Mario Santí.
617 *El condenado por desconfiado*, ATRIBUIDO A TIRSO DE MOLINA. *La Ninfa del cielo*, LUIS VÉLEZ.
    Edición de Alfredo Rodríguez López-Vázquez.
618 *Rimas humanas y divinas del licenciado Tomé de Burguillos*, LOPE DE VEGA.
    Edición de Macarena Cuiñas Gómez.
619 *Tan largo me lo fiáis. Deste agua no beberé*, ANDRÉS DE CLARAMONTE.
    Edición de Alfredo Rodríguez López-Vázquez.

620 *Amar después de la muerte,* PEDRO CALDERÓN DE LA BARCA.
    Edición de Erik Coenen.
621 *Veinte poemas de amor y una canción desesperada,* PABLO NERUDA.
    Edición de Gabriele Morelli.
622 *Tres elegías jubilares,* JUAN JOSÉ DOMENCHINA.
    Edición de Amelia de Paz.
623 *Poesía de la primera generación de posguerra.*
    Edición de Santiago Fortuño Llorens.
624 *La poética o reglas de la poesía en general, y de sus principales especies,*
    IGNACIO DE LUZÁN.
    Edición de Russell P. Sebold.
625 *Rayuela,* JULIO CORTÁZAR.
    Edición de Andrés Amorós (20.ª ed.).
626 *Cuentos fríos. El que vino a salvarme,* VIRGILIO PIÑERA.
    Edición de Vicente Cervera y Mercedes Serna.
627 *Tristana,* BENITO PÉREZ GALDÓS.
    Edición de Isabel Gonzálvez y Gabriel Sevilla.
628 *Romanticismo,* MANUEL LONGARES.
    Edición de Juan Carlos Peinado.
629 *La tarde y otros poemas,* JUAN REJANO.
    Edición de Teresa Hernández.
630 *Poesía completa,* JUAN DE ARGUIJO.
    Edición de Oriol Miró Martí.
631 *Cómo se hace una novela,* MIGUEL DE UNAMUNO.
    Edición de Teresa Gómez Trueba.
632 *Don Gil de las calzas verdes,* TIRSO DE MOLINA.
    Edición de Enrique García Santo-Tomás.
633 *Tragicomedia de Lisandro y Roselia,* SANCHO DE MUÑÓN.
    Edición de Rosa Navarro Durán.
634 *Antología poética (1949-1995),* ÁNGEL CRESPO.
    Edición de José Francisco Ruiz Casanova.
635 *Macías. No más mostrador,* MARIANO JOSÉ DE LARRA.
    Edición de Gregorio Torres Nebrera.
636 *La detonación,* ANTONIO BUERO VALLEJO.
    Edición de Virtudes Serrano.
637 *Declaración de un vencido,* ALEJANDRO SAWA.
    Edición de Francisco Gutiérrez Carbajo.

DE PRÓXIMA APARICIÓN

Ídolos rotos, MANUEL DÍAZ RODRÍGUEZ.
    Edición de Almudena Mejías Alonso.